# 浅析汽车
# 离心式机械水泵

QIAN XI QICHE
LIXIN SHI
JIXIE SHUIBENG

柏晓峰 著

哈尔滨出版社
HARBIN PUBLISHING HOUSE

图书在版编目（CIP）数据

浅析汽车离心式机械水泵 / 柏晓峰著. -- 哈尔滨：
哈尔滨出版社, 2023.1
ISBN 978-7-5484-6746-5

Ⅰ.①浅… Ⅱ.①柏… Ⅲ.①汽车－离心式－水泵
Ⅳ.①U464.138

中国版本图书馆CIP数据核字(2022)第176468号


书　　名：浅析汽车离心式机械水泵
QIAN XI QICHE LIXIN SHI JIXIE SHUIBENG
————————————————————————————————————————
作　　者：柏晓峰　著
责任编辑：张艳鑫
封面设计：树上微出版
————————————————————————————————————————
出版发行：哈尔滨出版社（Harbin Publishing House）
社　　址：哈尔滨市香坊区泰山路82-9号　　邮编：150090
经　　销：全国新华书店
印　　刷：武汉市籍缘印刷厂
网　　址：www.hrbcbs.com
E - m a i l：hrbcbs@yeah.net
编辑版权热线：（0451）87900271　87900272
————————————————————————————————————————
开　　本：880mm×1230mm　　1/32　　印张：7.75　　字数：148千字
版　　次：2023年1月第1版
印　　次：2023年1月第1次印刷
书　　号：ISBN 978-7-5484-6746-5
定　　价：68.00元
————————————————————————————————————————
凡购本社图书发现印装错误，请与本社印制部联系调换。
服务热线：（0451）87900279

# | 前　言 |

## 一、编写意图

    水泵是汽车发动机的重要零部件，它的工作情况好坏直接影响发动机的运行情况，据统计，每年因水泵故障引发的客户投诉在汽车投诉中占很大比例。但就是这么关键的零件，它的相关技术文献资料极为少见，与关键零件的重要程度不相匹配。为了提高水泵制造水平，结合作者本人在水泵相关方面的实践经验、技术归纳等进行提炼并撰写成文，以期望能帮助广大水泵相关工作者、读者朋友了解水泵、学习水泵、掌握水泵的相关知识，并提供实用工具书。

## 二、本书特点

    本书浅显易懂，适应性广。在编写过程中，走近读者，了解读者所思所想，成文的总体设计采用"倒叙法"，从汽车冷却系统的说明出发，这样的优点是能吸引读者，并讲清楚水泵的重要性，接着对水泵单品设计、子零件的生产工艺、组装、常见故障说明、试验验证等知识板块展开详细说明，使得读者明白其中之理，然后由浅入深、循序渐进地引申。介绍近些年水泵的特别试验项目，让相关人员为提高水泵质量水平，进行创新性试验验证的开发而努力。整个编写过程，紧扣一个"理"字，使读者知其然，更知其所以然。

## 三、追求目标

　　要读懂本书所述的内容，需要拥有本书的读者朋友对内容的文字进行深一步的理解和挖掘，养成对水泵技术细微之处的深度观察。在编写过程中，得到领导、同事、前辈的帮助与支持，特别是公司领导夏承睿女士对本人水泵课题攻关工作的悉心指导，并有力促使本书编写成文面市，在此一并表示感谢！

　　由于本人水平有限，其中错谬之处在所难免，还望各位贤达、同行专家不吝指正。本书若能够为同行提供一点借鉴、能够给读者一些引导的话，当是本人欣慰之事。

柏晓峰　2022 年 6 月于广州

# | 目　录 |

# 第1章 水泵相关基础知识介绍

## 1.1汽车冷却水系统

内燃机冷却的目的是防止零件过热，以保证内燃机在各种运转情况下，内燃机的各个受热零部件的温度值在正常的范围内，并使各个摩擦副如连杆轴瓦与曲柄销、主轴瓦与主轴颈及气缸内壁与活塞组等处能够保持正常的润滑。经过冷却系统散走的热量，大约占燃料总热量的 1/4 ~ 1/3 左右，对所用冷却介质的不同，内燃机的冷却系统分为水冷却和空气冷却两种。把发动机中高温零件的热量直接散入大气而进行冷却的装置称为空气冷却。把这些热量先传给冷却水，然后再散入大气进行冷却的装置称为水冷。由于水冷冷却均匀，效果好，而且运转噪音小，目前，汽车上广泛采用的是水冷。水冷系统中主要包括水泵、散热器、冷却风扇、节温器、膨胀水箱、发动机缸体和缸盖中的水套以及其他附加装置等。水泵的作用是使冷却水在系统中进行循环，故又称这种冷却系统为强制循环式水冷系统[1]，如图 1.1-1 所示。

内燃机需要冷却，工作时，高温的摩擦热会使活塞、活塞环、气缸、气缸盖、气门等零件的温度升高并使这些零件的强度下降，内燃机零件的过热与过冷均会使内燃机性能变差，冷却系统的作用是使内燃机零部件保持适宜的工作温度，保证其工作的可靠性及良好的性能。水冷系统要求在大气状态和内燃机工况变化时，能保证内燃机在最适宜的温度下运转，既要防止内燃机过热，也要防止冬季内燃机过冷。水冷系统本身应具备良好的密封性以防止冷却液泄漏及外界气体窜入冷却系统。内燃机起动后，冷却液应能迅速升温至适宜值，冷却系统所属的水泵，散热器，风扇等部件应有高的效率，以降低冷却系统的功耗，水冷系统应有良好的工作可靠性及便于维修。

水冷系统因用途不同，其冷却形式有 3 种[2]：

① 万欣，林大渊. 内燃机设计 [M]. 天津：天津大学出版社，1989.

② 朱仙鼎. 中国内燃机工程师手册 [M]. 上海：上海科学技术出版社，2000.

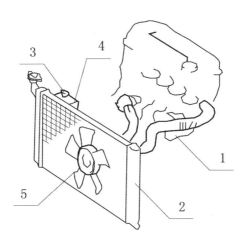

图1.1-1 水冷系统

1.发动机 2.散热器 3.散热器盖 4.膨胀水箱 5.冷却风扇

### （1）闭式强制循环冷却

闭式强制循环冷却冷却液不与外界大气直接相通，系统内压力高于大气压，因而可提高冷却液的出口温度，这对提高内燃机热效率有利。而且，由于冷却液温度高，散热器散热效率得到提高，从而减小散热器散热面积或降低风扇功能。闭式强制循环冷却广泛用于汽车、拖拉机、工程机械等内燃机上，所以这是现代内燃机最主要的冷却方式，它的散热器通过外界空气实现热交换。

### （2）表面蒸发冷却

表面蒸发冷却利用蒸发水箱内的水蒸发进行机械散热，

冷却系统无水泵、冷却风扇和散热器，因而结构简单，功耗少，表面蒸发冷却广泛用于单缸柴油机，它的缺点是耗水量大，水套内易结垢而影响气缸散热。

### （3）流通冷却

流通冷却这种冷却方式是将外界的水引入内燃机后再排出，它用于小型船舶及固定式柴油机上，通常因进水温度较低，而容易发生气缸套的硫酸凝液腐蚀。[①]

汽车常采用闭式强制循环冷却，其冷却液循环路径是发动机水泵增压后，经分水管进入发动机的机体水套，冷却液从水套壁周围流过并从水套壁吸热而升温。然后向上流入气缸盖水套，从气缸盖水套壁吸热之后经节温器及散热器进水软管流入散热器。在散热器中，冷却液向流过散热器周围的空气散热而降温，最后冷却液经散热器出水软管返回水泵，如此循环不止。在汽车行驶时或冷却风扇工作时，空气从散热器周围高速流过以增强对冷却液的冷却效果。铜制或不锈钢制的分水管或直接铸在机体上的分水道，沿其纵向开有出水孔，并与缸体水套相通，离水泵越远，出水孔越大。分水管或分水道的作用是使多缸发动机各气缸的冷却强度均匀一致。

冷却液一般为水与防冻剂（LLC）的混合物。冷却液用

---

① 朱仙鼎.中国内燃机工程师手册[M].上海.上海科学技术出版社，2000.

的水最好是软水，否则将在发动机水套中产生水垢，使传热受阻，易造成发动机过热。纯净水在 0℃时会结冰。如果发动机冷却系统中的水结冰，将使冷却水终止循环，引起发动机过热。更严重的后果是水结冰时体积膨胀，可能将缸体、缸盖和散热器胀裂。为了适应冬季行车的需要，在水中加入防冻剂，制成冷却液以防止循环冷却水的冻结。最常用的防冻剂是乙二醇。冷却液中水与乙二醇的比例不同，其冰点也不同。50%的水与50%的乙二醇混合而成的冷却液，其冰点约为 −35.5℃。在水中加入防冻剂还同时提高了冷却液的沸点。例如，含50%乙二醇的冷却液在大气压力下的沸点是130℃。因此，防冻剂有防止冷却液过早沸腾的附加作用。

防冻剂中通常含有防锈剂和泡沫抑制剂。防锈剂可延缓或阻止发动机水套壁及散热器的锈蚀或腐蚀。冷却液中的空气在水泵叶轮的搅动下会产生很多泡沫，这些泡沫将妨碍水套壁的散热。泡沫抑制剂能有效地抑制泡沫的产生。在使用过程中，防锈剂和泡沫剂会逐渐消耗殆尽，因此，定期更换冷却液是十分必要的。在防冻剂中一般还要加入着色剂，使冷却液呈蓝绿色或黄色以便识别。发动机水冷系统中的散热器由进水室、出水室及散热器芯等三部分构成。冷却液在散热器芯内流动，空气在散热器芯外通过。热的冷却液由于向空气散热而变冷，冷空气则因为吸收冷却液散出的热量而升温，所以散热器是一个热交换器。按照散热器中冷却液流动的方向可将散热器分为纵流式和横流式两种。纵流式散热器芯竖直布置，上接进水室，下连出水室，冷却液由进水室自上而下地流过散热器芯进入出水室。如图 1.1-2 所示。

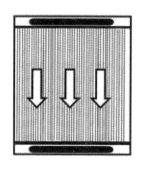
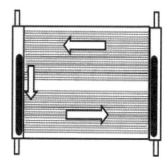

a.纵流式散热器　　　　　　b.横流式散热器

图1.1-2　散热器结构

　横流式散热器芯横向布置，左右两端分别为进、出水室，冷却液自进水室经散热器芯到出水室横向流过散热器。大多数新型轿车均采用横流式散热器，这可以使发动机罩的外廓较低，有利于改善车身前端的空气动力性。管片式散热器芯由散热管和散热片组成。散热管是焊在进水室和出水室之间的直管，作为冷却液的通道。散热管有扁管也有圆管。扁管与圆管相比，在容积相同的情况下有较大的散热表面。铝散热器芯多为圆管。在散热管的外表面焊有散热片以增加散热面积，增强散热能力，同时还增大了散热器的刚度和强度。管片式散热器的优点是散热面积大、气流阻力小、结构刚度好及承压能力强等。

　　管带式散热器芯由散热管及波形散热带组成。散热管为扁管并与波形散热带相间地焊在一起。为增强散热能力，在波形散热带上加有鳍片。与管片式散热器芯相比，管带式散热器芯的散热能力强，制造简单，质量轻，成本低，但结构刚度差。

　　板式散热器芯的冷却液通道由成对的金属薄板焊合而成。这种散热器芯散热效果好，制造简单，但焊缝多不坚固，容易沉积水垢且不易维修。

　　汽车发动机强制循环水冷系统都用散热器盖严密地盖在散热器加冷却液口上，使水冷系统成为封闭系统，通常称这种水冷系统为闭式水冷系。其优点有两点：①闭式水冷系可使系统内的压力提高到98kPa ～ 196kPa，冷却液的沸点相应地提高到120℃左右，从而扩大了散热器与周围空气的温差，提高了散热器的换热效率。由于散热器散热能力的增强，可以相应地减小散热器的尺寸；②闭式水冷系统可减少冷却液外溢及蒸发损失。

　　散热器盖（如图 1.1-3 所示）的作用是密封水冷系统并调节系统的工作压力。当发动机工作时，冷却液的温度逐渐升高。由于冷却液容积膨胀使冷却系统内的压力增高。当压力超过预定值时，压力阀开启，一部分冷却液经溢流管流入膨胀水箱，以防止冷却液胀裂散热器。当发动机停机后，冷却液的温度下降，冷却系内的压力也随之降低。当压力降到大气压力以下出现真空时，真空阀开启，膨胀水箱内的冷却液部分流回散热器，可以避免散热器被大气压力压坏。

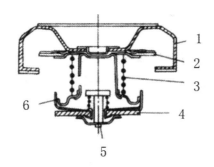

图1.1-3 散热器盖结构示意图

1.散热器盖 2.衬垫 3.压力阀弹簧 4.衬垫 5.真空阀 6.压力阀

　　膨胀水箱由塑料材质制造并用软管与散热器加冷却液口上的溢流管连接。当冷却液受热膨胀时，部分冷却液流入膨胀水箱；而当冷却液降温时，部分冷却液又被吸回散热器，所以冷却液不会溢失。膨胀水箱内的液面有时升高，有时降低，而散热器却总是被冷却液所充满。在膨胀水箱的外表面上刻有两条标记线："低"线和"高"线，膨胀水箱内的液面应位于两条标记线之间。若液面低于"低"线时，应向桶内补充冷却液。在向桶内添加冷却液时，液面不应超过"高"线。膨胀水箱还可消除水冷系统中的所有气泡。

　　有些货车和大客车发动机在散热器前面装有百叶窗，其作用是通过改变吹过散热器的空气流量来调节发动机的冷却强度，以保证发动机经常在适当的温度范围内工作。在发动机冷启动或暖车期间，冷却液的温度较低，这时将百叶窗部分或完全关闭，以减少经过散热器的空气流量，使冷却液的温度迅速升高。驾驶人通过驾驶室内的手柄开闭百叶窗，也可用感温器自动控制。

冷却风扇置于散热器后面。当发动机在车架上纵向布置时，风扇一般安装在水泵轴上，并由驱动水泵和发电机的同一根 V 型皮带传动。风扇的功用是当风扇旋转时吸进空气，使其通过散热器，以增强散热器的散热能力，加快冷却液的冷却速度。汽车发动机水冷系统多采用低压头、大风量、高效率的轴流式风扇，即风扇旋转时，空气沿着风扇旋转轴的轴线方向流动。风扇的扇风量主要与风扇直径、转速、叶片形状、叶片安装角及叶片数有关。叶片的断面形状有圆弧形和翼形两种，前者由薄钢板冲压而成，后者用塑料或铝合金铸制。翼形风扇效率高、消耗功率少，在轿车和轻型汽车上得到了广泛的应用。一般叶片与风扇旋转平面成 30° ～ 45° 角（叶片安装角）。叶片数为 4、5、6 或 7 片。叶片之间的间隔角或相等，或不相等。间隔角不等的叶片可以减小叶片旋转时产生的振动和噪声。

节温器又叫恒温器，它的作用是快速预热发动机并调节冷却液温度的部件。它位于散热器与发动机之间的通路中。当冷却液温度变高时，连接散热器的阀打开，以便冷却发动机。有两种类型的恒温器：

① "带旁通阀" 类型用于底部旁通类型的冷却系统。

② "无旁通阀" 类型用于直列式旁通类型的冷却系统。

当冷却液温度低于规定值时，节温器感温体内的石蜡呈固态，节温器阀在弹簧的作用下关闭发动机与散热器间的通道，冷却液经水泵返回发动机，进行小循环。当冷却液温度达到规定值后，石蜡开始熔化，逐渐变成液体，体积随之增大并压迫橡胶管使其收缩。如图1.1-4所示：

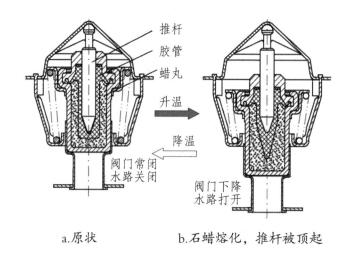

　　a.原状　　　　　　　b.石蜡熔化，推杆被顶起

图1.1-4　石蜡调温器原理图

在胶管收缩的同时对推杆作用以向上的推力。由于推杆上端固定，因此，推杆对胶管和感温体产生向下的反推力使阀门开启。这时冷却液经由散热器和节温器阀，再经水泵流回发动机，进行大循环。水冷系统的冷却液都是由发动机的缸体流进，从缸盖流出。因此大多数节温器布置在气缸盖出水管路中。这种布置方式的优点是结构简单，容易排除冷却

系统中的气泡。其缺点是节温器在工作时会产生振荡现象。例如，在冬季起动冷发动机时，由于冷却液温度低，节温器阀关闭。冷却液在进行小循环时，温度很快升高，节温器开启。与此同时，散热器内的低温冷却液流入机体，使冷却液又冷了下来，节温器阀重新关闭。等到冷却液温度再度升高，节温器阀又再次打开。直到全部冷却液的温度稳定之后，节温器阀才趋于稳定，不再反复开闭。节温器在短时间内反复开闭的现象称作节温器振荡。当出现这种现象时，将增加汽车的燃油消耗量。

节温器也可以布置在散热器的出水管路中。这种布置方式可以减轻或消除节温器振荡现象，并能精确地控制冷却液的温度，但其结构复杂，成本较高。多用于高性能的汽车及经常在冬季高速行驶的汽车上。

水泵普遍使用带传动，常见传动带有 V 带，带齿 V 带及多楔带等。传动带在工作中承受冲击负荷与频繁的交变应力，传动带张紧后工作不久就容易出现松弛甚至撕裂、分层或断裂，从而造成内燃机过热甚至损坏，因此，转动带承拉元件的抗拉强度及橡胶质量对传动带的使用寿命及工作可靠性的影响很大。合成纤维的胶带有很高的抗拉强度和很小的伸长率，且能承受较高的温度，用这种材料做传动带的承拉元件能显著提高传动带工作的可靠性。国产 V 带尺寸已经系列化，带齿 V 带比无齿 V 带有更好的绕曲性及散热性，因而截面尺寸相同的带齿 V 带比无齿 V 带的可靠性更好。选用国产 V 带需要注意的是，必须选用汽车用胶带，而不是普通胶带，因为水泵传动带是在空气温度较高的环境中工作，需要有一定的耐温能力，否则极易老化，影响整机可靠性。多楔带柔性较好，其正面（多楔面）与背面均能带动水泵带轮传递功率，楔形工作面与 V 带工作方式相仿，而其背面工作方式与平带相仿。现代汽车上使用多楔带能十分紧凑地传动较复杂的轮系，如果各个带轮的包容角都够大，则能用一根多楔带同时驱动水泵、发动机、空调压缩机等零件。如图 1.1-5，施加在带轮两边的传动带静拉力 $F_s$，可用专用测力器测定，也可用测试力 $F$ 施加于传动带中间，测定传动带垂度 t，测定皮带接触轮距 L，并用下面公式计算：

$F_s = F\sqrt{4t^2 + L^2}/4t$[①]

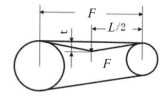

图1.1-5　传动带静拉力公式用图

具体可见第 2 章节皮带张力校核的详细说明。

水泵在水冷系统的功用是对冷却液加压，保证其在冷却系统中循环流动。本书后续章节重点介绍。

① 朱仙鼎.中国内燃机工程师手册[M].上海:上海科学技术出版社, 2000.

## 1.2水泵的构造及相关原理

　　汽车冷却水泵一般可分为两种：机械式水泵、电子式水泵。目前，汽车冷却水泵大多数为机械式水泵，一般为单级低压离心式水泵，图1.2-1是一种常见的机械水泵，它由水泵壳体、皮带轮、轴承、水封（部分水泵采用橡胶轴封结构，因使用范围少，本书不做相关介绍）、叶轮、密封圈组成；为适应轻量化要求，泵体用铝合金压铸一体成型，叶轮采用工程塑料材料或者金属冲压结构。

　　水泵结构如图1.2-1所示：

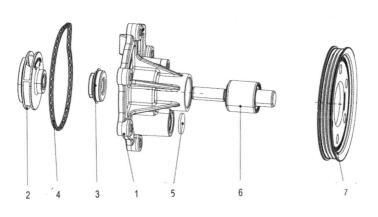

图1.2-1　水泵结构示意图

1.泵体　2.叶轮　3.水封

4.密封圈　5.集水槽堵盖　6.轴承　7.皮带轮

　　从图1.2-2可知水泵中的水封结构，动环套在轴承的靠近叶轮端，静环外圈装配在泵体水封孔，静环内圈套装在轴承芯轴。随水泵转动，动环、静环紧密贴合，以保持密封，防止泄漏；如果仍有水漏过了，排水孔会将水排走，以防止水流入水泵的轴承内。

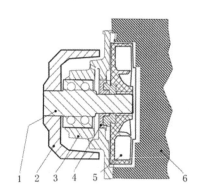

图1.2-2　水泵结构剖切示意图

1.轴承　2.皮带轮　3.泵体　4.水封　5.叶轮　6.对手件

从图1.2-1可知水泵一般都有集水槽，它用来收集水泵内的积水，以防止正常泄漏的积水被误判为漏水而引起质量纠纷。水泵的排水口一般布置在水泵的最下端位置，同时，还必须在水泵安装在车辆上最顶点位置设一个排气孔，将聚在水泵泵体最上端的水蒸气和泵体与水封密闭腔中的空气排走，否则，水蒸气遇冷形成结晶阻塞水泵排水，严重时会导致水泵排水不畅，引起水泵失效的质量风险。离心式水泵因具有结构紧凑、成本较低、输水量大等优点而被广泛应用。

水泵的主要参数名称解析[①]

---

① 　万欣，林大渊.内燃机设计 [M].天津：天津大学出版社,1989.

（1）输水量$q_p$可根据散热器所需要的循环水量及水泵的叶轮与水泵泵体壳之间间隙的泄漏量来确定：

$$q_p = \frac{Q_w}{3600(t_1 - t_2) \cdot C_w \cdot r_w}$$

$Q_w$：冷却系统散热带走的热量；

$t_1$：冷却水进入发动机时的温度；

$t_2$：发动机的出水温度；

$C_w$：水的比热容；

$r_w$：水的密度；

（2）水泵扬程P，水泵压力用于克服管道及弯头的液力损失和节温器的局部阻力。

（3）水泵的穴蚀储备液力，进水口处的水压要比该处的饱和蒸气压高出一定值，这个值就是穴蚀储备值。它随水泵转速及水泵的出水量的增加而增加，为了解决穴蚀储备问题，在布置冷却系时应将水泵布置在冷却系的最下方，并使水泵进口处保持一个水的压头，避免加速或高转速下工作时水泵进口处出现真空的情况。[①]

下例分别为水泵试验过程中，叶轮气蚀，水泵安装完成后在对手件涡室处发现气蚀。从图 1.2-3 和图 1.2-4 可知，水系统管路压损大，导致出现气蚀。

①　万欣, 林大渊. 内燃机设计 [M]. 天津：天津大学出版社, 1989.

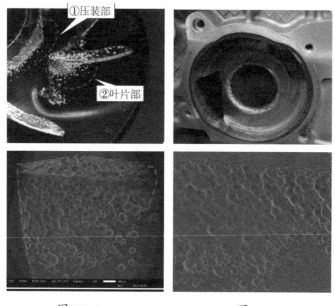

图1.2-3

水泵叶轮气蚀

图1.2-4

对手件气蚀

从图1.2-3和图1.2-4可知：

（1）弹坑状小洞，说明穴蚀发生在水泵的上流，通常需要对整个冷却回路进行问题原因的分析；

（2）冷却系统混入异物，也会导致侵蚀，但弹坑状小洞的范围会更大。

# 第2章　水泵设计开发流程

## 2.1水泵产品的开发流程

　　水泵产品的开发一般包括如下环节：新产品开发立项、确定边界条件、确定设计方案、设计计算、快速成型样件制作、设计图纸冻结、确定试制方案、试验方案设计、工艺方案设计、样件制作、样件检验与试验等环节。各环节的相关工作内容如下：

　　新产品开发立项：主要包括编制开发建议书、产品报价书、可行性分析报告、项目评审报告；

　　边界条件的输入环节，对水泵寿命等尤其重要，它主要分为如下确认项目：

　　①水泵试验条件。

　　②设计目标。

　　③水泵安装位置。

④水泵性能技术指标。

⑤发动机冷却系统示意图。

⑥水泵安装轮系图。

⑦水泵皮带包角及负载情况。

⑧其他特殊要求。

确定设计方案就意味着真正开始进行水泵相关设计，其主要工作内容包括：

①DFMEA 编制。

②轴承设计与寿命计算。

③水封选择。

④水泵结构设计。

⑤负载零件设计。

⑥确定零件的材料与标准。

⑦水泵涡流压水室设计。

⑧叶轮设计。

设计计算是指主要针对轴承寿命、密封圈、泵体采用 CAE\CFD 进行模流等分析。

为了更快确认水泵设计，一般都需要制作快速成型样件进行相关确认，快速成型样件所涉及的主要工作内容有：

①熔模铸造快速成型泵体壳。

②加工中心快速成型涡壳、叶轮。

③加工中心加工其他零件。

④柔性装配线组装水泵。

⑤产品性能试验验证。

⑥三坐标全尺寸测量。

设计图纸冻结方案，主要工作内容已经快速成型样件的相关验证、尺寸测量等锁定设计方案。确定试制方案，是为明确各子零件自制或者外购，如果外购则需要明确供应商，明确进度。

方案冻结，各子零件明确后，需要设计人员考虑，如果采用试验的方法来验证设计方案是为满足设计任务书的各项指标。常见的水泵试验方案设计主要内容如下：

①防蚀试验。

②密封性能试验。

③老化试验。

④寿命试验。

⑤噪音试验。

⑥过盈配合压入力、扭矩、拔脱力验证。

⑦耐异物试验。

⑧功能试验。

⑨防冻液与水封匹配试验。

只有通过了试验方案的各项验证，才能进行工艺方案编制等工作。当试验方案对水泵的相关试验未能通过时，需要重新修改设计方案。

完成上述各项工作后，需要开始编制工艺方案，按照设计的年产量、产品的生命周期、车间人员配置、设备情况等详细开展工艺方案设计，如模具设计方案、工装设计方案、刀具设计方案、量检具及包装设计等。

完成工艺方案的落地，需要具备批量供货状态的工艺、设备、产线上生产样件，并进行相关验证，如量产模具的验证，检具的验证，工装的验证，产线工艺的验证。

在产线上正式批量生产的样件也需要开展检验与试验：确认尺寸、材料检验与标准符合性、试验设计验证（如单品PV试验验证等）。完成此环节工作，意味着设计开发的大流程结束。

一款优秀的水泵，它的设计开发除了按照上述流程严格开展，还要对设计相关的细节进行重点关注，具体见2.2章节中的相关说明。

## 2.2水泵设计输入

水泵在设计初期，会根据初步设计方案的要求，提出水泵性能指标，除此之外，还要对车辆情况、发动机情况、冷却系统情况进行技术明确，一般涉及如下内容：

①明确车辆类型，如乘用车、商用车、工程车等及初次交付样件时间、项目何时开始批量生产的时间点等。

②发动机的情况主要包括：型号名称、缸数、排量、最大功率、燃油种类、最大功率时的转速、额定转速、怠速、最高转速等信息。

③冷却系统的设计主要包括：水泵旋转方向、水泵额定转速、水泵最高转速、水泵怠速转速、水泵驱动方式。如果用皮带传动，还需要水泵皮带轮的皮带包角、水泵传动带张紧力、水泵皮带轮直径、冷却系统工作压力、冷却系统正常工作温度、冷却系统最高工作温度、冷却液成分、冷却液类型及牌号、冷却液生产厂家、水泵负载线位置，水泵轴承轴上是否安装风扇和风扇离合器等信息。

④水泵性能要求主要包括基本性能（水泵额定转速下的流量、扬程）及测试水泵全性能时的转速要求。

水泵设计输入需要对上述项目逐项确认，特别需要重点确认水泵负载线位置，传动带张紧力，冷却系统最高工作温度，冷却液的成分、类型。具体如下：

**（1）水泵负载线**

目前，绝大多数水泵轴承采用双球或者一球一柱结构，在这种情况下，负载线位置布置合理与否直接影响轴承寿命，理想的负载线位置应该满足以下要求：

①针对双球结构轴承，负载线在两个滚球之间的中央位置。

②一球一柱结构轴承，负载线在柱体上方位置。

下例水泵负载线设置不合理，导致水泵轴承未达到预期使用寿命。（如图 2.1-1）

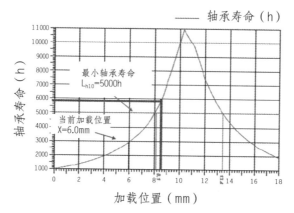

图2.1-1　水泵轴承负载线与寿命关系图

### （2）传动带张紧力

水泵轴承寿命的长短主要受传动带张紧力的大小的影响。水泵设计开发环节，必须较准确地测量实际张紧力大小，一般可用如下三种方式进行测量：

①静态张力可采用传统拉力计等进行实际测量，根据测量实际值再通过1.1节皮带张力公式计算可得。此方法所产生的误差较大，可多次测量，取平均值再进行张力计算。还可以采用超声波测量仪测量，先将测量仪所需要的相关参数（如水泵皮带轮的轮距、半径等）输入设备，将声波仪靠近传动带，用扳手等金属物轻敲传动带，尽量使每次敲击力度相近，不能差异太大，测量仪能自动计算静态张力。

②动态张力的测量比较复杂，一般需要专业轮系厂商的设备器材才能进行。需要提前准备好1台完整的发动机，并

把它正确安装在发动机试验台架上，再通过在发动机及水泵轮系布置相关传感器，运转发动机，按照各种工况分别运行发动机，可测得水泵传动带实际动态张力。如图2.1-2。

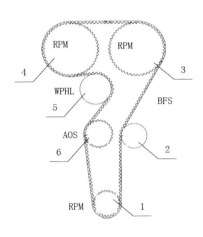

图2.1-2　水泵传动带动态张力测量示意图

1.正时轮　2.惰轮　3.排气齿轮　4.进气齿轮　5.水泵　6.张紧轮

BFS：激光传感器测皮带摆动。

RPM：将转速磁电阻传感器与曲轴连接，测量发动机转速。

AOS：旋转位置传感器测张紧轮臂运动。

WPHL：水泵中心负载传感器测中心负载和皮带张紧力。

除上述方法测动态张力，还可以在水泵总成的泵体上钻孔，在轴承表面贴应变传感器，通过应变变化，转化为轴承受力，间接得到传动带动态张力值；此方法一般在量产前进行设计复核，具体可见本书试验验证章节的详细说明。

### （3）冷却系统最高工作温度

在开发阶段，在发动机台架上，采用整车水系统布置的连接方式，进行冷却试验。冷却系统的最高温度不得超过水泵的水封、轴承的耐温值要求，此试验在实验室进行，不能完全模拟车辆的某些特殊工况，如车辆熄火后，水温瞬间上升。目前，已经有极少数对水泵品质把控要求严格的汽车主机厂会针对车辆进行水温实际试验测量，将实测水温与台架冷却试验的相关数据进行对比，并对车辆水温实测试验进行设计复核之用。试验相关说明详见本书试验验证章节。

### （4）冷却液的成分、类型

目前，汽车主流的水冷却系统都需要加注冷却液，冷却液由基础液、添加剂（缓蚀剂等）组成。根据基础液类型，可分为如下几类：

| No. | 醇类名称 | 使用情况 | 备注 |
|---|---|---|---|
| 1 | 一元醇 | 较少使用 | 沸点低、容易挥发、容易着火 |
| 2 | 二元醇 | 主流使用 | |
| 3 | 三元醇 | 较少使用 | |
| 4 | 混合型 | 有在用 | |

根据缓蚀剂组成可分为，无机型和有机型两种冷却液，它们的区别如下：

| No. | 缓蚀剂类别 | 备注 |
|---|---|---|
| 1 | 无机型 | 防腐蚀原理：无机盐在金属表面产生钝化膜；缓蚀剂消耗快 |
| 2 | 有机型 | 防腐蚀原理：在金属的活性表面发生吸附，改变金属电化学性质来防止腐蚀；缓蚀剂消耗慢 |

无机型冷却液防腐蚀效果不太好，近年来基本淘汰了，如下图 2.1-3 为分别使用无机冷却液和有机冷却液行驶相同公里数后，水泵锈蚀情况：

a.无机冷却液锈蚀严重　　　b.有机冷却液无锈蚀

图2.1-3　锈蚀水泵及无锈水泵对比

按照使用寿命的长短，防冻液还可分为如下几类：

| No. | 名称 | 冷却液类型 | 备注 |
|---|---|---|---|
| 1 | 长寿命型 | 有机型为主，少数无机型 | 使用周期 5 年或 16 万公里 |
| 2 | 长效型 | 无机型为主 | 使用周期 2 ～ 2.5 年 |
| 3 | 普通型 | 较少使用 | |

目前，汽车主流冷却液为水与二元醇混合配比组成，比如 50% 水 +50% 乙二醇及微量添加剂。水做冷却液的优点是原料易得，导热性好，与添加剂协同降低冰点。但缺点也很明显：水中存在钙、美、铁元素，它们会生成水垢；同时，水中氯离子或硫酸根离子积累会对水系统零件产生腐蚀。因此，在生产冷却液或添加冷却液时，都要求使用蒸馏水或去离子水。

二元醇主要有乙二醇、丙二醇、二乙二醇等类型，其中丙二醇的毒性小，可做环保型冷却液。目前，大多数二元醇都是乙二醇，它具备沸点高，不容易挥发，闪点高，毒性低的优点。市面上还有不混水的无水冷却液。

添加剂主要包括缓冲剂、缓蚀剂、防垢剂、消泡剂、着色剂。在使用过程中，铝在 pH 值为 4.5 ～ 5.5 时得到保护，铁在 pH 值大于 8 时容易发生钝化，铜在 pH 值为 7.0 ～ 12.5 时会钝化，乙二醇在使用中会分解出酸性物质，缓冲剂的作用是维持冷却液 pH 值处于 7.5 ～ 11。缓蚀剂的作用是减少冷却系统的金属在压力、热负荷和腐蚀介质作用下的腐蚀，它选择性强，与腐蚀介质的性质、温度、流动状态、材料的种类和性质、缓蚀剂本身的种类和剂量有关。缓蚀剂主要由硝酸盐、硅酸盐、脂肪酸等组成。防垢剂的作用是防止冷却液在使用过程中出现水垢沉积。消泡剂的作用是减少泡沫产生、降低水泵的气穴被腐蚀的可能性及腐蚀程度，常用硅油、甲基丙烯酸酯、聚醚等做消泡剂。着色剂的主要有染色剂和

pH 指示剂两种，它的作用为冷却液生产过程中颜色防错及在使用过程中易于确定渗漏发生的位置。

　　冷却液在 100℃左右温度下，添加剂会析出，形成硬的晶体状物质，混入冷却系统中，可能渗入到水泵的水封动静环结合处，引起水泵异常泄漏，正确选择冷却液是保障冷却系统正常运行的要素之一。

# 第3章 水泵子件介绍

从前述章节所介绍的水泵结构可知，水泵由泵体、水封、轴承、皮带轮、叶轮等子零件组成。本章节将对水泵的所有子零件进行介绍说明。

## 3.1 水泵泵体

大多数水泵的泵体，都采用铝合金材质，常见为ADC12材质，它运用广泛，成本低廉，采用高压铸造方式制造坯体。泵体铸造工艺及模具设计可以通过相关模流软件进行，目前，普遍应用的软件主要进行如下几个步骤的设计分析：

（1）模拟三维模型；

（2）模拟参数设置；

（3）充型过程动画；

（4）铸件凝固过程；

（5）充型分析及结论。

一般来讲，在模流软件可以较好完成模具充型分析、模拟三维实体、确定动模和静模设置面、浇口位置设计等。例如某泵体模具方案，如图 3.1-1：

根据三维模型，对铸造浇注温度、压射料重、冲头速度等参数进行设置，某型号泵体压铸的主要参数设置如下：

| 项目名称 | 基本信息 | | | | 模具 | | | | |
|---|---|---|---|---|---|---|---|---|---|
| | 铸造材质 | 浇注温度 | 压射料重 | 料管充满度 | 材料 | 温度 | 压铸机 | 压室直径 | 冲头速度 |
| 设置值（例子） | ADC12 | 620℃ | 1kg | 38% | #55 | 动／定模 200℃ | 400T | 60mm | 低速 0.2m/s 高速 3m/s |

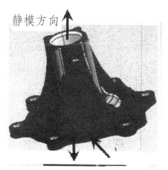

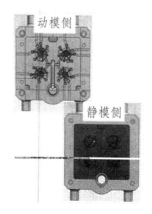

1                                    2

图3.1-1　水泵模具方案

1.动模、静模开模方向　2.动模、静模型腔布置在软件上，模具软件充型过程可以以动画形式呈现，能够分析出各个充型面的温度值，呈现温度分布梯度情况，通过它来判断温度值是否均匀、合理。如图 3.1-2：

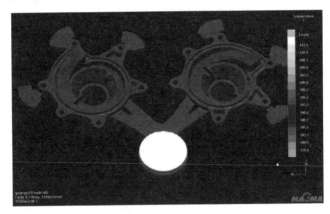

图3.1-2　模具温度场分析

在软件上，模具模拟铸件凝固过程，能够呈现凝固过程中温度分布梯度情况，通过它来判断凝固过程是否合理。如图 3.1-3：

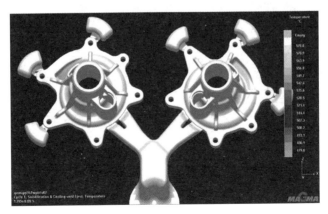

图3.1-3　模具凝固分析

软件能对充型过程最后充满型腔的部位进行评估，以确定是否需要增加沙包，如图3.1-4：

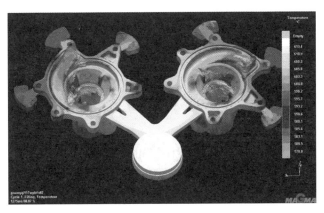

图3.1-4　模具充腔分析

通过模具设计软件进行模拟设计，再进行模具制造。模具完成后需要试模生产，按照 $T_1$、$T_2$……进行试模、调模，直至生产出合格的泵体毛坯，模具铸造环节才完成。生产出来的泵体毛坯经过去毛刺、去飞边、表面抛丸处理等工序，送到机加工车间进行下道工序生产。

泵体模具设计注意事项有如下几点：

（1）动模、静模分型线，避免布置在螺栓安装孔位置，特别是不能在安装孔的内孔位置，防止分型面产生毛刺，影响螺栓孔安装。

（2）水泵安装螺栓孔位置布置要考虑螺栓安装时套筒与水泵皮带轮的避让空间，实践表明两者之间的避让空间以

6mm 为佳。

（3）密封圈凹槽，需要设计圆角，避免尖角导致应力集中。

（4）结合水泵装配时螺栓上紧顺序，一般会设置 2 个对角位置螺栓孔为定位孔，螺栓孔直径会比其他孔直径小 0.2mm，以确保水泵安装时的位置精度，模具设计时要考虑定位孔尺寸。

（5）回炉料比例控制适中，主浇道废料含杂质小，属一级料，沙包废料杂质多属二级料；一般一级料可以按照新 / 旧量 70%：30% 的比例直接回炉使用，二级料不可以直接回炉使用；铸造圆角不能太小，至少为半径 2mm。如果圆角过小，产品容易粘膜。

（6）需要对模具顶针顶出力进行分析，例如：某型号水泵，泵体虚线部位（如图 3.1-5）表面积约为 $35cm^2$，拔模角度 a=1.5°，用抽芯力 $F=AlP$（$\mu cosa-sina$）来计算。$A$ 为被铸件包紧的型芯成型部分断面周长，单位 cm；$l$ 为被铸件包紧的型芯成型部分长度，单位 cm；$P$ 为挤压压力（单位面积的包紧力），对铝合金一般 $P$ 取 10~12MPa；$\mu$ 为经验数值，具体数值各铸造厂会有差异，一般取 0.2-0.3；a 为型芯成型部分的出模斜度，（°）；抽芯力 $F=AlP$（$\mu cosa-sina$）=35×1×10×（0.3cos1.5°－sin1.5°）=95N。

图3.1-5　泵体表面积图示

产品图示顶杆面积为 $1.7\text{cm}^2$（如图 3.1-6），铸件许用推力 $P=F/A$；其中 $F$ 为抽芯力，$A$ 为顶杆面积。

根据 $P=F/A$

$$=95\text{N}/1.7\text{cm}^2$$

$$=0.55\text{N}/\text{mm}^2$$

$$=0.55\text{Mpa}$$

查机械手册可得，铝合金许用推力为 50MPa，泵体顶杆实际为 0.55MPa，顶出力远小于许用推力，所以产品能被平稳地顶出模腔。

图3.1-6　顶杆位置图示（黑色圆圈为顶杆）

　　模具设计的合理性往往决定产品质量，例如，某型泵体，铸造时拉模，零件变形，导致平面度超差，上紧螺栓后泵体开裂，如图 3.1-7 所示。

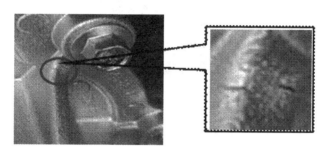

图3.1-7　上紧螺栓后泵体开裂

　　泵体坯件经过去除浇口、手工去毛刺及飞边，为了获得较好的表面质量，一般都会进行表面抛丸处理。对泵体坯件的表面抛丸处理目前主要有两种：（1）干式钢珠抛丸；（2）水抛丸。

　　干式钢珠抛丸的原理是用电动机带动抛丸机叶轮体旋转，靠离心力的作用，将弹丸抛向零件表面，使零件表面达一定的粗糙度，使零件变得美观。水泵泵体为铝制材质，常见的丸种为铸钢丸或者是铸钢丸与合金钢材质弹丸混合。铸钢丸韧性好，适用广泛，它的使用寿命为铸铁丸的数倍。弹丸粒度常见规格在 6 ~ 50 目之间，选择弹丸尺寸时，弹丸直径应小于泵体密封凹槽内圆半径的一半。另外，实际操作中，抛丸过程要对弹丸的破碎量进行控制，一般需要保证弹丸的完整率大于85%。对泵体抛丸，由于体积小，结构较简单，通常采用吊链式抛丸机进行抛丸处理，将泵体悬挂起来，这样工件之间就不会相互碰撞，避免抛丸后碰撞对工作表面造成磕碰伤。

水抛丸的工作过程是将泵体放置在固定工位上，工装能自动旋转，工装的周围布置有多个喷头，将玻璃砂和水的混合物通过高压流射向泵体表面进行抛丸，当泵体正面抛丸完成后再对其背面进行抛丸，抛丸完成后对产品进行清洗。它的运用有局限性，主要用于泵体不加工的大平面及对压铸件表面粗糙度有特殊要求的产品，生产效率比干式钢丸抛光低，节拍时间长，产品容易磕碰划伤，废品率高。抛丸后的表面粗糙度在 Ra0.4 ～ Ra3.2，表面较光亮。

为了确保泵体毛坯质量，还需要监控坯体的材质，一般采用取样，通过光谱分析，确认毛坯材质，具体见其他章节说明。

泵体坯件完成后送加工车间进行加工生产，它的工艺一般采用车削、钻孔、清洗、气密测试；去材料加工泵体轴承孔、水封孔、漏水孔、排气孔，工艺过程中的设备主要为车削中心、加工中心、钻床等。其中，对车削中心、加工中心设备，要求其精度高，此工序注意事项如下：

（1）轴承孔与水封安装端面的垂直度、轴承孔与泵体定位面的垂直度需要重点控制，一般需要保证 ≤ 0.03，如果垂直度过大，轴承压装后与水封不垂直，会引起水封动环、静环产生异常间隙；而如果轴承与定位面垂直度不好，压装轴承会不同心，导致偏心，影响轴承游隙，严重时会导致轴承寿命急剧下降。实践经验告诉我们，泵体轴承孔与水封安装面必须一次装夹、一把刀具加工保证，它们之间的垂直度精度即为设备自身精度保证，避免多次装夹带来过多精度误差。为了确保设备精度，还必须定期复查车削中心、加工中心设备的静态精度，要求如下：

①车削中心，卡盘夹持标准棒，磁力表座吸附在设备刀塔上，百分表/千分表测量标准棒上母线及侧母线跳动，测量卡盘对中性及刀塔与卡盘中心垂直度情况。

②采用水平仪，静置于设备导轨上，确认设备是否水平。

③加工中心需要测量主轴内孔及主轴端面跳动值，水平仪放置于设备导轨上确认设备是否水平。具体如图3.1-8所示：

| 检查项目 | 检测方法 | 图示 | 允许值 |
|---|---|---|---|
| 工作主轴端面跳动 | 将指示器调校于法兰端面完整的圆周上，当工作主轴转动时，指示器的最大差值为检测值。同样的方式，当工作主轴顶针有污物时，检测值会比较大 | | 0.005 |
| 机床水平 | 将水平仪a、b放置到机床床身指定测水平的位置上，在两个方向上，读取数值 | | 0.04mm/m |

续表

| 检查项目 | 检测方法 | 图示 | 允许值 |
|---|---|---|---|
| 主轴孔圆跳动 | 将检验芯棒插入主轴孔分别在端部及尾端打表，读取主轴转动过程中的最大差为测定值 | B↔A 300 | A 轴头 0.008 |
| | | | B 在轴尾部（300mm） |

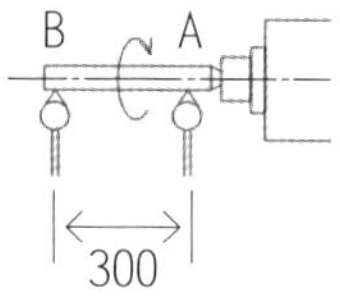

图3.1-8 设备精度确认示意表

（2）除了上述要求的定期复查设备静态精度，在设备导入安装时，还要考虑如下事宜。

①明确混凝土标号，如 C30/C100 等，确认地面承重能力是否满足设备要求。

②厂房地面混凝土是分区浇灌，区与区之间有明显间隙，布置设备时，尽量避免设备横跨地面间隙区，防止因地面区块之间的差异而影响设备精度。

③泵体一般采用湿式切削，要考虑设备切削液定期更换或者循环利用的便利性。

④设备布置要考虑车间厂房的气路、电源母线位置等布置便利性。

（3）装夹部位采用一面两销布置，销必须采用一圆一菱结构，避免两个销都为圆销引起过定位，同时，加工定位孔与坯件设计的定位孔尽可能要保持一致，形成定位基准的统一。

（4）部分泵体加工设备无断刀检测报警功能，对钻排水孔、排气孔要重点确认贯通与否，可采用贯通检具全数检查确认的方法；排水孔、排气孔孔径不能过小，一般为 5 ～ 6mm；若排水孔过小，水泵正常排出的水因受表面张力的作用，会出现排泄困难现象。

（5）加工排水孔、排气孔，孔口位置必须在防尘孔内侧。若排水孔、排气孔直接裸露在大气环境中，车辆行驶过程中，孔口容易黏附异物，导致排气、排水不畅，如图3.1-9所示。

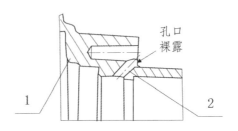

图3.1-9　泵体钻孔孔口裸露示意图

1.泵体　2.排气或排水孔

（6）泵孔一般深度达 30mm，测量孔径时要多截面测量，一般采用气动量仪或者电感量仪测量，同时，需要控制泵体轴承孔圆度、圆柱度，一般要求圆度小于 0.004mm，圆柱度小于 0.005mm。泵孔的内孔倒角不得有翻边、毛刺等凸起，否则会影响水封的安装。

（7）目前主流车型的水泵泵体上都设计了集水槽，它用于收集水封正常泄漏的水，防止被客户误以为水泵异常漏水。集水槽处有堵盖，一般为钢质堵盖或钢片＋硫化橡胶两种。采用钢质堵盖需要在泵体集水槽的堵盖安装孔加工一刀，保证孔径，堵盖为冲压件，尺寸精度较难保证一致性；采用钢片＋硫化橡胶结构的堵盖，集水槽堵盖安装孔不需要加工，直接压装到孔内，同时，在孔口边缘铆3～5个防松扣点，此方式堵盖需要硫化，但对孔无机加工要求，堵盖的制造精度降低，是目前最常见的方式。

泵体完成机加工工序，流入下工序为清洗。由于泵体结构简单，对清洁度一般不设具体考核指标，大部分要求为目视无异物，极少数泵体清洁度要整体重量小于10mg，最大金属颗粒小于1 000μm。因此，清洗设备简单，常为单工序、常温清洗＋吹干方式，在水路管道与气路管道之间装有自动切换阀以使喷淋和吹干管路共用；选用水溶性清洗液，清洗压力一般为0.1MPa以下，吹气压力为0.03MPa；如图3.1-10为某泵体清洗机结构示意图：

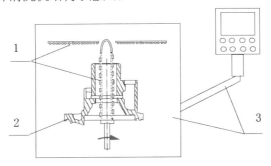

图3.1-10　泵体旋转清洗机示意图

1.喷淋及吹气装置　2.泵体　3.清洗设备

　　清洗完成后，流入下工序：泵体气密性检验。由于机加工坯件将铸造表面硬化层切除，需要确认泵体气密性。其测试原理如下：泵体安装面的 2 个孔为工装定位孔，泵体安装面为定位面，泵体安装面背部均匀分布 3 个压紧点，测试气体从泵体底部进入，然后封堵泵孔，通过测量仪监控泵体内部压力、流量变化，以此来判断泵体气密性情况。气密测试示意原理如图 3.1-11 所示：

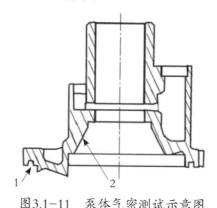

图3.1-11　泵体气密测试示意图

1.密封圈密封位置1　2.密封圈密封位置2

上述工序完成后，合格泵体流入装配工序。

## 3.2 叶轮

　　冷却水泵的叶轮按照结构形式主要分为两种：开式、闭式。叶轮结构示意图如图 3.2-1、图 3.2-2。

图3.2-1　开式叶轮示意图　图3.2-2　闭式叶轮示意图

如果按照材质区分，一般有 PPS+ 衬套、冲压金属叶轮这两种。

图3.2-3　PPS+衬套叶轮示意图　图3.2-4　金属叶轮示意图

叶轮工作时，叶轮靠近涡室侧（进水侧）与靠近水泵泵体侧（背水侧）的介质压力不同，因存在压力差，会产生附加轴向力，这种轴向力不利于水泵工作，可能会影响水封、轴承的工作受力，目前，主要有两种常见措施来减少轴向力：

（1）叶轮上开孔。一般有 3 个或 4 个直径为 3mm 的贯通孔（如图 3.2.5），工作时，让一部分处于高压区的液体介质返回叶轮背面，使叶轮进水面与背水面的压差减小，它受到的轴向力相应减少，同时，叶轮进水面、背水面直接形成一路的小循环，使得叶轮背面能有液体进入，时刻保证水封部位有水存在，这样能有效防止水封的干摩擦。缺点：受孔回流的液体冲击，将使水泵的效率略有下降。

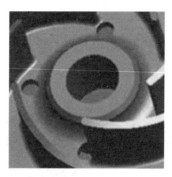

图3.2-5　叶轮开孔示意图

（2）在叶轮背面设置径向筋板。叶轮转动时，背面处筋板带动叶轮背面的液体快速旋转，介质在离心力的作用下，降低了叶轮背面中心部位的压力，从而达到减小轴向合力的目的。缺点：会消耗一定能量，对水泵效率有一定影响。如图 3.2-6 所示：

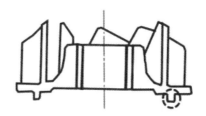

图3.2-6 叶轮背面增加筋板示意图

采用PPS+衬套结构的叶轮，目前广泛使用，工艺成熟，但有如下注意事项：

（1）PPS材料必须明确玻纤含量，如PPS+GF35、PPS+GF40。不同的玻纤含量，材料价格不同，性能也有明显差异。玻纤含量越高，单价成本越低，但材料的脆性越大。

（2）关注注塑加工的熔接痕位置，熔接痕位置为薄弱部位，应避免在最大受力点位置设置熔接痕。

（3）衬套一般采用钢质材料，需要控制壁厚厚度，衬套壁厚一般为1.5～2.5mm，若衬套壁太薄，压装叶轮时衬套会因过盈配合发生变形进而存在PPS材质叶轮被胀裂破损风险。

采用钢质（金属）冲压结构的叶轮，工艺成熟，不再赘述。重点要确认叶轮与防冻液的兼容性试验情况，杜绝金属表面生锈。

## 3.3 皮带轮

皮带轮一般外接发动机附件皮带，少部分发动机上水泵布置在正时轮系上，皮带轮外接发动机正时皮带。皮带轮内圈与水泵轴承连接。皮带轮按工艺类型划分，可分为机加工皮带轮、粉末冶金皮带轮、冲压板旋压皮带轮。

下面介绍各种皮带轮生产工艺。

图3.3-1为某型号水泵的机加工皮带轮。

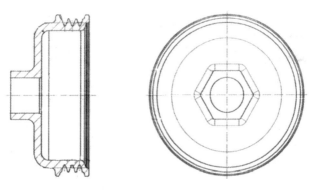

图3.3-1　机加工皮带轮示意图

### 3.3.1 机加工皮带轮

因结构简单及从经济性考虑，一般选用普通钢材即可满足使用要求，如采用 #45 钢。机加工成型后，表面环保镀锌处理，盐雾试验要求 96h 无锈迹，旋转不平衡量 ≤ 14g·cm。皮带轮未注尺寸公差按照 GB/T 1804 执行，冲压尺寸公差按照 GB/T 15066 执行。对零件要求去锐边毛刺，防止划伤皮带。

它的生产流程如下：车棒料→粗锻铁饼→精锻成型、表面抛丸处理→切飞边→钻孔→镗孔、倒角、切平面→车外圆→拉槽 1→拉槽 2→精加工轴承连接内孔→清洗→表面镀锌→出库包装。

### 3.3.2 粉末冶金材质的皮带轮

它要求皮带轮尺寸较小，传递扭矩较小，在成批生产时，在满足使用要求的前提下能有效提高皮带轮的生产效率。它的工艺原理是使用金属粉末结合黏合剂压制成型后经过烧结而成。为增加强度韧性，粉末冶金皮带轮一般要求对零件表面进行蒸汽处理，并且要求表面氧化层厚度大于 0.005mm，表面硬度在 100HB 以上。粉末材料一般为烧结钢，以含铜、碳成分的 C11 材质居多。

粉末冶金皮带轮制造工艺流程为：制粉→混粉→压制→烧结→机加工（涉及钻孔产品才需要该工序）→水蒸气处理→烘干→包装。其中，压制工序中，模冲调整要确认位置，以避免因不同部位的密度有差异导致皮带轮分层，如图 3.3-2，在分层断面上能明显看到差异，其产生的原因是在压制生产时，由于模冲未调整到最佳位置（偏心或者高度差异、表面倾斜等），A 部分和 B 部分会因密度差过大出现分层；水泵运转时，在皮带的张力作用下，分层处存在断裂风险。

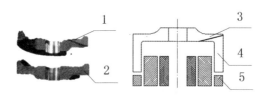

图3.3.2　粉末冶金皮带轮分层示意图

1.分层件　2.正常件　3.皮带轮A部分　4.皮带轮B部分　5.模冲

产品出厂前，可以用如下方法防止皮带轮分层的不良件流出：

（1）用小六角螺丝棒敲击零件表面，能通过声音分辨一些分层严重的皮带轮。正常件声音清脆，异常分层件声音低沉。可采用建立不良样品的方式，对比确认声音的差异。

（2）采用磁粉探伤设备，100% 探伤确认内部缺陷情况。

（3）纵向剖切零件，测量不同位置的密度值，通过密度差异来判断是否存在分层缺陷。此方法仅适用于抽样检查，计算不良率情况。

水蒸气处理是对粉末冶金件的后续表面处理，它可以提高或者改善零件的型线，如硬度、气密性、耐磨、耐腐蚀等。据资料可知，蒸汽处理时，把铁基皮带轮放置在加热炉中，在一定温度下，向炉中通入过饱和水蒸气。凡是接触到蒸汽的，零件表面的铁原子就会发生氧化反应，生产一层氧化物膜，厚度约 0.005 ~ 0.01mm，它能使零件具有良好的防锈功能，同时，它的表面硬度可达 60HRC 以上，有利于提高表面硬度、耐磨损等特性。

蒸汽处理的另外一个目的就是封孔。粉末冶金零件在任何情况下都不可避免地存在着空隙，通过它，能使表面形成一层氧化物膜，使零件的内部连通空隙封闭，达到封孔目的，增加零件的气密性。[①]

对粉末冶金材质皮带轮，除相关尺寸测量验收，还应定期进行金相组织分析，剖切皮带轮，采用金相显微镜观察内部组织结构。一般金相组织为合金化合物＋少量珠光体＋均匀分布的孔隙与石墨。某型粉末冶金零件金相组织图如图3.3-3所示：

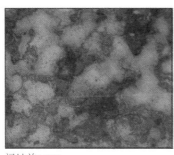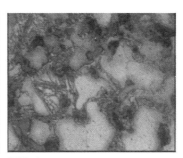

浸蚀前×500　　　　　　　　　浸蚀后×500

图3.3.3　粉末冶金皮带轮金相组织

粉末冶金皮带轮需要确认是否有破边、粘粉、外圆表面划伤、毛刺、生锈、表面脏污，特别是磕碰伤会导致表面微小凸起，长期使用可能会导致皮带被割破风险。

---

①　李其龙，徐伟，董吉宝，段聪翀，张东.铁基粉末冶金零件的蒸汽处理 [J]. 现代制造技术与装备，2012：58—61.

除了上述外观缺陷以外，还需要确认零件尺寸，特别是要重点关注过渡圆角情况，当 R 角连接处有不平、表面裂纹缺陷等情况，必须隔离处置。例如，某皮带轮不良情况如图 3.3-4 所示：

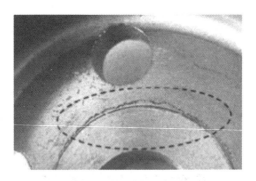

图3.3-4　R角表面裂纹缺陷

### 3.3.3 冲压板旋压皮带轮

由相关资料可知，相较于切削加工等传统制造工艺，皮带轮的生产存在浪费材料、生产率低下，产品精度低，需要进行平衡处理等缺点。为了克服传统切削加工工艺的缺点并实现皮带轮的轻量化，各国均致力于用板料液压胀形或者旋压成型板料的皮带轮研究开发。[①]

旋压皮带轮，它是采用钢板经过拉伸预制毛坯，在专用的带轮旋压设备上，由旋转轮对回转的预制毛坯径向加压，

① 刘金年.汽车发动机 V 型皮带轮的旋压工艺[J].交通科技与经济，2006,36（4）.

使毛坯产生由点到线、由线到面的塑性变形而制成。[①] 采用旋压工艺的皮带轮，属于无屑加工，它有如下优点：

（1）材料利用率较高，较传统切削工艺材料利用率提高20%。

（2）产品重量轻，较切削加工的皮带轮轻40%。

（3）生产效率高，能达 2 ~ 3 件 /min 的出品效率。

（4）转动惯量少，平衡性好，不需要再做平衡处理。

（5）是塑性加工过程，材料流线不被切断；有较高的强度、刚性。

（6）会产生冷作硬化，组织致密，强度和硬度均提高。

（7）带轮的尺寸精度高，三角带与轮槽的滑差小，皮带寿命长。

（8）生产场地无环境污染，工人劳动强度低。

旋压皮带轮生产工艺流程一般如下：板材→落料→拉伸1→拉伸2→滚压→冲孔、刻印工序→校正→涂装（电泳）→完成品检查。图 3.3-5 是某型号皮带轮旋压产品：

坯件　　　　　　半成品　　　　　　完成品

图3.3-5 旋压皮带轮示意图

---

① 刘金年.汽车发动机V型皮带轮的旋压工艺[J].交通科技与经济，2006,36（4）.

影响旋压皮带轮的关键部件为：旋轮及芯模。皮带轮的外径、形状精度及表面粗糙度都是旋轮保证，它工作时与毛坯局部接触，承受着较大的接触压力，剧烈的摩擦和较高的工作温度，因此，旋轮要有足够高的强度、硬度、韧性和耐磨性，旋轮表面要进行淬火处理，表面硬度一般要求≥55HRC。为了延长旋轮的使用寿命，一般会对其工作面进行抛光。[1]旋压时，芯模外表面与皮带轮的内表面接触，起支承定位作用，其工作表面要承受相当大的局部作用力及材料变形流动而引起的剧烈摩擦，芯模要求兼顾强度、刚度及韧性，表面淬火硬度一般45HRC左右，较旋轮略低。

## 3.4水封

本书仅就常用的动静环水封进行说明，对采用轴封密封的水封，目前使用较少，不作说明。从前章节图1.2-2可知，水封的功能是阻挡冷却液沿着水泵轴承从水泵泵体壳涡室端流到轴承端，以保障轴承不被水浸入并能正常工作。同时，避免冷却液向水泵外界泄漏引起冷却系统缺水。近年来，水泵结构都趋向紧凑化，因此对水封的尺寸及防漏特性等有较高要求。大部分水泵采用机械密封结构。机械密封是指由至少一对垂直于旋转轴线端面在液体压力和补偿机构弹力的作

---

[1] 刘金年.汽车发动机V型皮带轮的旋压工艺 [J].交通科技与经济，2006,36（4）.

用下以及辅助密封的配合下保持贴合并且相对滑动所构成的防止流体泄漏的装置。水封就是典型的机械密封零件，它使用橡胶波纹管＋弹簧作辅助密封。水封结构如图3.4-1所示：

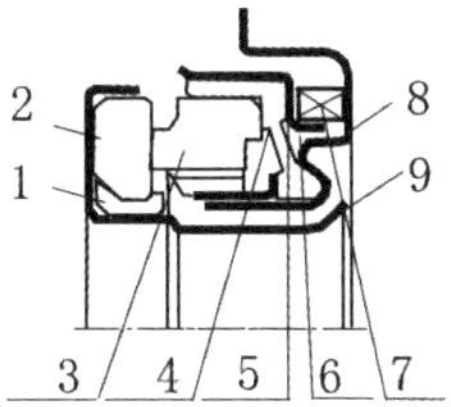

| 序号 | 名称 | 材料 |
|------|------|------|
| 1 | 辅助密封圈 | HNBR G969 |
| 2 | 动环 | 石墨 |
| 3 | 静环 | SiC |
| 4 | 波纹管 | HNBR G969 |
| 5 | 套圈 | SUS430 |
| 6 | 推环 | SUS430 |
| 7 | 弹簧 | SUS631J1 |
| 8 | 波纹管座 | SUS304-NS1T |
| 9 | 轴套 | SUS304L |

图3.4-1 水封结构示意图

　　水封的组成及主要密封部件、密封副子件分别是动环、静环、压紧弹簧。在弹簧作用下，动环、静环的结合面会形成极微小的间隙，当冷却液分子进入到间隙时，表面张力作用下形成一层厚度与间隙量相当的"水膜"，从而阻止冷却液外泄。密封副工作时处于旋转运动状态，因此要求该密封副要有足够刚性不容易变形，同时，动环、静环相互运动时会产生热量，动环、静环需要具有较高的热学性能、抗磨损性能。目前，主流水封一般采用 SiC 环、石墨环材料。SiC是一种无机物，一般用石英砂等原料通过高温冶炼而成，化学性能稳定，导热系数高，热膨胀系数小，耐磨损性能良好。

随着技术发展及客户对汽车质量要求提高，特别对水泵的 NVH 水平要求苛刻，不允许水泵产生任何异音，否则会引起客户投诉。水泵的异响绝大多数为水封发出，为了解决水泵异响课题，主流汽车厂已经在改善水封，如要求在 SiC 基体上采用激光打孔工艺或者采用多孔剂的多孔 SiC，使得 SiC 环工作过程中微量的水能进入到孔内储存使密封面间隙处的"水膜"保持稳定性，以达到改善水封异响之作用。如图 3.4-2、图 3.4-3 所示：

　　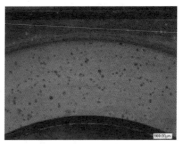

图3.4-2　激光打孔　　　　　图3.4-3　多孔SiC

据资料可知，多孔 SiC 是在碳化硅基体中引入多孔剂与碳石墨，使其具有多孔以更好地储存润滑剂，有利于发挥润滑剂性能并含有若干自润滑性能。它的制造工艺流程主要是：配料→球磨→搅拌→造粒制粉→引入多孔剂→分散球磨→成型→烧成→机加工。将碳化硅粉、炭黑等烧结助剂、石墨按比例配比混合，在搅拌池中加入粘接剂（如酚醛树脂等）搅拌后进入慢搅拌池准备喷雾造粒，在无压碳化硅出粉时加入多孔剂，均匀散落碳化硅粉粒中，置入球磨机中干磨，根据制品形状与要求成型，然后烧结，烧结后进行超声波清洗，平面加工、内外直径加工及表面抛光等工序。在密封行业中，普遍采用双面研磨加工密封环以保障它的平行度及高度；采用内圆磨床、外圆磨床加工密封环的内外径及提高内外光洁度，采用单面研磨或者抛光机来加工零件的表面以确保表面光洁度与平面度，一般密封环要求表面光洁度为 $0.07 \sim 0.20\,\mu m$，平面度 $\leq 0.3\,\mu m$，表面光洁如镜，无划痕。多孔 SiC 主要是要在因缺乏润滑剂而在两个相互运动的摩擦面之间形成干摩擦的危险场合下工作，表面上的开放微孔就能起到润滑剂储存腔的作用，且分布在碳化硅表面的碳石墨的自润滑性能也能减缓干摩擦的破坏作用。表面开孔容积越多，则储存的润滑剂会越多，但开孔率高会破坏基体的强度及密封性。微孔不宜过大而削弱碳化硅基体的强度，其数目也不应使微孔发生相互粘连并产生海绵状结构，使其丧失密封性能而发生渗漏。但微孔过小，会使润滑剂的液体介质由于其自身的表面张力而无法渗入到微孔中，也不能填满微孔或从孔中流出。试验表明，微孔直径以 $50 \sim 80\,\mu m$ 为宜，且多孔剂添加量控制在 $2\% \sim 3.25\%$ 之间为宜。[1]

　　水封碳化硅陶瓷多选择常压烧结制备，它在不施加外部压力的情况下，即通常在 $1.01 \times 10^5 Pa$ 压力和惰性气体条件

---

　　① 康国兴，刘建卫，谢文杰，陈谢华. 多孔碳–碳化硅复合材料的制备及其在汽车水泵水封中的应用（I）[J]. 陶瓷科技篇（生产应用），2015（2）.

下，通过添加合适的烧结助剂，在 2 000 ~ 2 150℃间，可对不同形状和尺寸的样品机械致密化烧结，常压烧结分固相烧结和液相烧结两种工艺。常压烧结技术成熟，生产成本低，对产品的形状尺寸没有限制，工业上应用广泛的耐磨损耐腐蚀的密封环均为常压烧结。常压烧结碳化硅材料中没有游离硅的存在，其极限使用温度得到了提升，同时，烧结中通常会使用碳作为烧结助剂，这对材料的润滑性也有较大提升，延长了材料的使用寿命。①

目前，水封动、静密封环主要有两种材质类型：碳石墨与碳化硅、碳化硅与碳化硅。采用双碳化硅的水封，密封件强度最大，使用寿命更长，但碳化硅材质硬，结合面的间隙处无容异物能力，一旦异物入侵，若无法被碾碎则会出现结合面间隙增大，出现异常漏水故障。碳石墨与碳化硅组合的水封也有缺点：石墨环树脂析出，密封面划伤，抗异物划伤能力差，但双碳化硅则不含任何树脂。②

动环多数采用具有较好自润滑特性的石墨材料制作而成。它有较高的导热性及较低的线膨胀系数，良好的耐腐蚀性和良好的导热性，热膨胀系数小，对高低温交变性能的适应性以及材料的物理力学性能良好。但石墨属脆性材料，抗

① 李辰冉，谢志鹏，康国兴，安迪，魏红康，赵林．国内外碳化硅陶瓷材料研究与应用进展 [N]．硅酸盐通报，2020-05-39（5）．

② 徐忠芳，黄建松．柴油机水泵水封漏水故障解决方案[J]．现代零部件，2014（2）．

拉强度低，抗压强度高，其内部存在微小气孔，不利于水封的密封性能，为了弥补该缺点，水封的石墨很多都有浸渍工艺，以堵塞气孔，提高密封性能。

碳石墨环的碳石墨制品常用焦炭或者无烟煤作为骨架结构，空隙处用细粉填充；碳石墨材料的生产按骨料粒径、配方组成及内部结构不同分为粗、中粗、细、超细结构碳石墨制品。其中 1 ~ 10mm 为粗，称之毫米级结构；0.1 ~ 1mm 为中粗，称之忽米级结构；0.01 ~ 0.1mm 为细，称之为丝米级结构；0.001 ~ 0.01mm 为超细，称之为微米级结构。制品规格越大，选用的骨料粒径越粗。水封碳石墨环一般采用细级结构的碳石墨制品加工而成。[①] 各级结构的碳石墨特点如下：

（1）粗（毫米级）结构石墨制品，表面较粗糙，用相同工艺生产的产品较细颗粒结构的制品强度低、气孔孔径分布范围广，所用原材料比较粗，黏合剂少，焙烧容易，石墨化、热处理过程不易开裂，仅适用于一般技术要求的机械密封制品。

（2）细（忽米级）结构石墨制品，骨料粒径细，配料中黏合剂含量略高于粗制品，宜采用挤压、振动或热模压制方法成型，内在结构均一良好，气孔分布均一性和孔径分布范围介于毫米和丝米之间，其密度、强度和加工表面粗糙度好

---

① 朱斌，朱路，林建华，涂丽婵.机械密封用碳石墨环现状与展望[J].流体机械，2012，40（3）.

于毫米级粗结构,接近细(丝米级)结构的碳石墨制品。

(3)细(丝米级)结构石墨制品,骨料粒径细,黏合剂含量高,常采用搅混均匀→磨粉→冷模压成型。焙烧时挥发组分排除量大,易产生内裂,制品规格越大,生产难度越大;它结构均一,强度高,气孔孔径小且分布均匀,可靠耐用,但生产成本较高。

(4)超细(微米级)结构石墨制品,常用 4 ~ 10 μm 级超细碳素粉末为主要原材料,用超细粉磨粉机制粉,静压成型,采用特殊工艺或先进的焙烧窑炉热处理等方法生产,制品内在结构更细密,均一,强度高,能加工出表面精、光洁度高的耐摩擦磨损的机械密封高性能制品,是军工、宇航产品要求使用的材料。

不管何种结构碳石墨制品,其生产工艺流程基本为:原材料选用→配料(加黏合剂等)→搅混均匀→成型→焙烧→一次或多次浸渍→二次或者多次焙烧或石墨化→粗加工→精加工。制品质量受原材料粒径大小、配料组成、黏合剂、混料均分度、成型、焙烧、浸渍等工艺及所用设备影响。石墨材料制品常存在强度低、气密性差、磨损率高等弊病,突出表现为:

(1)碳石墨材料硬度不均匀。

(2)密度不均匀。

(3)孔径大小不均匀,开孔、闭孔数量分布不均匀,进行气压测试,每批次不良率高,各批次不良率波动大,质量不稳定。

（4）脆性大。

（5）加工制造高精度的碳石墨环难度大。

（6）研磨、抛光不易形成均匀光带和良好的密封面，使用中出现端面泄漏、开裂、润滑性能差等。

碳石墨材料质量随工艺技术发展会逐步提升，它的技术发展经历了以下过程。

（1）各向同性热解石墨以粒径 0.3 ~ 2 μm 原料为骨粒，采用独特的化学气相沉积法工艺生产，它在各个方向性均为各向同性，质地均一，加工后密封面粗糙度和光洁度极高，结构紧密，开孔率极低，抗折强度可达 200MPa，在宇航军工领域广泛应用。

（2）碳纤维材料的加入，制造碳－碳复合材料，能大大提高碳石墨环的摩擦磨损性能和抗冲击强度，可满足复杂工况条件下的产品使用。

（3）高强度的碳石墨密封材料的推广普及。

无论是 SiC 环还是石墨环子件，都要严格控制滑动面粗糙度、平面度。一般要求见如下例子，某品牌水封，SiC 环、石墨环技术要求。

| No. | 环材质 | 英文缩写 | 名称 | 参数 | 规格 | 名称 | 规格 |
|-----|-------|---------|------|------|------|------|------|
| 1 | 碳化硅 | MR | 粗糙度 | μmRa | 0.05 ~ 0.2 | 平坦度 | ≤ 1HLB |
| 2 | | | | μmRp | 0.2 ~ 0.6 | | |
| 3 | 碳石墨 | SR | 粗糙度 | μmRa | 0.01 ~ 0.1 | 平坦度 | ≤ 1HLB |

水封其他元件弹簧主要起缓冲及密封副磨损后的补充作用，用 SUS 材质较多；密封圈主要在零件之间起密封和缓冲作用，传动件及固定件起传递扭矩、轴向浮动补充作用。

水封密封机理是水泵装上发动机，水封部位与防冻液接触，动环、静环做相对运动时，动环、静环之间表面附有流体分组的单分子膜，这种分子膜极薄。而动环、静环密封端面表面不是理想平面，而是微观的凹凸不平，水泵运转时，形成凸体接触和薄膜两种形态并存的状态，在高速相对运动时，接触点上温度很高，使分子膜破裂，产生固体接触。薄膜受此影响，会形成不连续流体膜，而水封靠防冻液侧会对薄膜产生吸附效应，在表面张力的作用下，动环、静环端面间产生压力降，连续流体膜被阻止形成，起到密封效果。但动环、静环之间流体膜受高温影响，会产生水蒸气，蒸气形态能通过动环、静环密封面，逃逸到大气侧，因此，水封有对漏气的泄漏量要求。[①] 如下，某型号水封泄漏量要求：

| No. | 品牌型号 | 泄漏量要求 |
| --- | --- | --- |
| 1 | K 品牌型号 | 1.9bar 压力下，泄漏量 ≤ 6mL/min |
| 2 | M 品牌型号 | 1.5bar 压力下，泄漏量 ≤ 3.5mL/min |
| 3 | E 品牌型号 | 1.4bar 压力下，泄漏量 ≤ 6mL/min |

水封常见不良有异常漏水、异响。其中，异常漏水主要有几种常见原因：

---

① 翁祖亮. 冷却水泵实用技术 [M]. 上海：上海交通大学出版社，2004.

（1）异物侵入水封动环、静环密封面，破坏密封的水分子膜导致漏水。一般可以将水封拆解，用电子放大镜确认石墨环的密封面是否有划痕、偏磨。因为异物侵入会导致动环、静环之间产生"犁沟"效应，水封运行时，会出现犁沟状划痕；同时，异物侵入到动环、静环之间，引起环面端面倾斜，一边被磨损的消耗量会增多，而另外一边被磨损的消耗量会减轻。受异物大小、异物侵入时机影响，可能存在异物导致犁沟状划痕，但继续运转，划痕会被磨平而无法用放大镜发现的情况；同时，异物形状不规则，可能存在侵入到动环、静环之间后不久异物排出，而水封进行运转，在电子放大镜上没有留下任何异常痕迹。如图3.4-4为某水封密封件放大镜观察实例：

 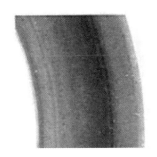

a.石墨环面        b.SiC环面

图3.4-4 漏水水封放大镜观察密封面

侵入的异物，其来源有3种可能：

①冷却系统异物。如发动机缸盖水道、缸体水道、车辆冷却水箱及管路等零件自身清洁度控制不好，使水路含有异

物；如连接管、冷却水箱等，一般为注塑成型件，都没有特别要求清洁度。目前，国内汽车厂要求缸盖、缸体水道清洁度异物颗粒大小 ≤ 900 μm，全部由专门清洗机保证清洁度。但无论采用哪种控制方法，冷却系统都会有异物颗粒存在，无法避免。

②水泵一般不要求具体清洁度，国内汽车主机厂少部分要求它们控制颗粒度 ≤ 1 600 μm，极少数要求严格的汽车主机厂要求颗粒度 ≤ 1 000 μm。相关零件清洁度不好都会严重影响水路异物防止效果，要重点对应。水泵压叶轮工序，钢质叶轮或者塑料／树脂叶轮的钢质衬套硬度比水泵轴承低，过盈压入后，叶轮、叶轮衬套被挤出金属粉末，要重点防范，如压叶轮挤出异物照片，如图 3.4-5 所示：

挤屑

图3.4-5　挤出小铁屑异物

③除了水路零件带入异物，还有可能在水泵运转时，水路产生防冻液结晶，形成异物结晶，它的直径大小分布范围广，硬度大，对水封密封面有重要影响。由前面章节与防冻

液相关的内容可知，目前主流防冻液的主要成分为乙二醇、水、添加剂，当发动机运转时，水温上升，高温条件下，添加剂会被析晶形成坚硬的小颗粒，这种小颗粒存在于水路循环之中，随水而流，在某些情况下会侵入到水封动环、静环，因异物侵入发生异常漏水。如下为异物侵入石墨环产生水封划伤，如图3.4-6所示。

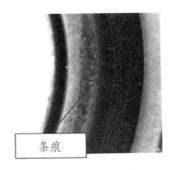

图3.4-6　水封划痕伤

这种侵入一般会在石墨环留下深沟状划痕，拆解水封，有一部分故障件在石墨环能找到异物，因此，对水路的设计校核要充分考虑防止防冻液结晶物产生。根据过往实践经验可知，设计上要尽量避免管道急弯，防止在转弯处产生结晶，水路水温不宜过高，一般来讲，水温以 80 ~ 100℃为佳，过高水温容易产生结晶。

因此，要防止水封异物侵入的漏水，要确保水封耐异物能力。为了测试水封漏水与异物颗粒尺寸的变化趋势相关性，特别开展水封含沙试验。试验台由循环泵、驱动马达、液位传感器、加热元件、水封、储水箱、加压水箱（带加压）、管路组成。试验过程详见第5章水封单品抗异物磨损试验。

试验表明，异物尺寸30～300μm，对水封可能会造成异常漏水的风险。异物尺寸小于30μm，异物侵入水封动环、静环，很快被石墨渗透包围，无法破坏密封的水分子膜，而大于300μm的异物，一般很难侵入动环、静环，因此，对水路零件的颗粒度管控尽可能有针对性地开展，尽量避免水封异物侵入发生异常漏水。

为了更好地防范异物侵入导致水封异常漏水，可在设计开发选型阶段，对水封进行耐异物的对比试验。取候选水封，明确型号、规格等技术参数之后，在水封试验台上，按照如下技术条件准备试验：添加异物量10g/5L，异物：标准粉尘APPIE Class8，系统压力70～80kPa。试验规范为：

0 r/min至5 000r/min，历时15s，保持30s，再从5 000r/min至0 r/min，历时15s，停滞20s，为1个循环，累计运行100h。

0 r/min至7 500r/min，历时15s，保持30s，再从7 500r/min至0 r/min，历时15s，停滞20s，为1个循环，累计运行100h。

0 r/min至1 000r/min，历时15s，保持30s，再从1 000r/min至0 r/min，历时15s，停滞20s，为1个循环，累计运行100h。

如下为多个品牌型号水封的试验情况：

| 序号 | 试验程序 | 介质温度 | 水封品牌及型号 | 总泄漏（g） |
|---|---|---|---|---|
| 1 | 0r/min 至 5 000r/min，历时 15s，保持 30s，再从 5 000r/min 至 0 r/min，历时 15s，停滞 20s，为 1 个循环，累计运行 100h | 90±2℃ | E 品牌某型号 | 0.35 |
| 2 | 按照水封试验程序运行 100h | 90±2℃ | K 品牌某型号 | 0.80 |
| 3 | | | M 品牌某型号 | 0.91 |
| 4 | | | E 品牌某型号 | 0.67 |
| 5 | 按照水封试验程序运行 100h | 45～47℃（加热器不工作） | K 品牌某型号 | 0.50 |
| 6 | | | M 品牌某型号 | 0.15 |
| 7 | | | E 品牌某型号 | 0.52 |
| 8 | 以 7 500r/min 转速运行 100h | 45～47℃（加热器不工作） | E 品牌某型号 | 0.10 |
| 9 | | | M 品牌某型号 | 0.28 |
| 10 | | | K 品牌某型号 | 0.10 |
| 11 | 以 7 500r/min 转速运行 100h | 90±2℃ | E 品牌某型号 | 0.10 |
| 12 | | | K 品牌某型号 | 0.10 |
| 13 | | | M 品牌某型号 | 1.19 |

续表

| 序号 | 试验程序 | 介质温度 | 水封品牌及型号 | 总泄漏（g） |
|---|---|---|---|---|
| 14 | 以 1 000r/min 转速运行 100h | 90±2℃ | M 品牌某型号 | 0.27 |
| 15 | | | K 品牌某型号 | 0.10 |
| 16 | | | E 品牌某型号 | 0.10 |
| 17 | 以 1 000r/min 转速运行 100h | 45~47℃（加热器不工作） | E 品牌某型号 | 0.73 |
| 18 | | | M 品牌某型号 | 0.78 |
| 19 | | | K 品牌某型号 | 0.10 |

（2）水封压装高度不良，导致异常漏水。

根据本书后面章节介绍的水泵装配工艺——水封安装的相关内容可知，水封压装到泵体，需要严格控制水封端面到泵体端面距离。水封的动态密封性能通常以实际使用情况下的泄漏量来衡量；密封端面所处的摩擦状态用密封准数 $G$ 来判断[①]：

$$G = \eta v b / P$$

其中，各字母代表意义如下：

$\eta$：流体动力粘度，单位是 Pa·s；

$v$：密封端面的评价线速度，单位是 m/s；

$b$：密封端面的宽度，单位是 m；

---

① 翁祖亮. 冷却水泵实用技术 [M]. 上海：上海交通大学出版社，2004.

$P$：密封端面的压紧力，单位是 N。

当 $G < 1 \times 10^{-7}$ 时，密封端面处于边界摩擦状态，泄漏量很少，仅以水蒸气形态逸出，此为石墨环微量而又稳定的磨损。$P$ 值包括弹簧的作用力、波纹管及密封介质的作用力，如果 $v$ 与 $P$ 搭配不当，就有泄漏量大大增加的可能性。在实际试验中，只要保证水封压缩量在规定范围内，水封的密封性能都是可靠的。具体使用时，应根据水泵的转速、扬程、结构等特点，核算 $G$ 值，调整水封的安装压缩量，因此，要严格按照规定的水封工作长度进行压装水封，这样可以有效防止异常漏水。

除了上述异常漏水现象外，还有两种原因可能导致水封异常漏水。

①温度对水封密封的影响。

水封动环、静环工作过程中产生热量，温度升高到一定程度时，就会在动环、静环端面间发生液膜汽化及热变形。液膜汽化使动环、静环端面间存在汽液混相，这使热量难导出，促使动环、静环端面间流体膜趋于饱和状态，即趋向全汽膜，一旦达到临界状态，动环、静环之间就会发生间隙振荡和喷雾泄漏，运行一定的时间，石墨环端面会出现磨损而使密封失效。另外，热变形超过材料极限能力会出现热裂现象。

②振动对密封的影响。

密封面与轴线不垂直或者转轴振动等，会引发弹性元件的强迫振动，使动环、静环两端面贴合刚性不足，出现间隙时张时合的泵吸效应，以致异常泄漏。如果轴振动频率与水封弹簧的自振频率相同，会形成共振，加剧异常泄漏。

水封异响是个复杂的课题，是目前重点研究内容之一。如果发动机水泵水封在运转过程中，伴随其他声响，如间歇或者连续的摩擦声，即为水封异响。常见异响判断可用听诊器触及可能发生响声的附件来判定，真实原因还需要通过故障水封进行异响再现分析才能做出判断。水封异响种类十分复杂，若要准确将水封的各种异响诊断出来，必须掌握水封各种异响产生的规律和正确的分析方法，行业内共识的水封异响原因主要有[1]：

①润滑不良。

水封工作时，动环、静环相配合。间隙、温度、负荷和速度一定时，动环、静环端面流体膜的厚度与端面比压、冷却液品质相关，冷却液品质好，动环、静环密封端面比压适宜，能较好地生产流体膜；如果润滑流体膜过薄，密封端面摩擦扭矩会加大，容易发生明显、清晰的异响。

②选择连接刚性弱。

随着汽车轻量化的广泛运用，水泵的轻量化主要体现在采用一体化结构水封及轴承小型化、质量更轻的皮带轮、水泵叶轮。它们轻量化的同时会带来水泵运转惯性扭矩降低，

---

[1] 德永雄一郎，井上秀行，冈田健，等.改善汽车发动机水封润滑性能的研究 [J].流体机械，2017，45（1）.

容易发生振动，从而使动环、静环密封端面在黏滑运动中形成声学扬声器效果，直接导致异响的发生。

黏滑运动是指恒定牵引力作用下的界面滑动速度近似恒定，在某些情况下，滑动速度会出现重复或者随机发生较大波动。如果摩擦力或者滑动速度随着滑行距离或时间出现一种波动状态，就称之为黏滑现象。黏滑运动分粘滞阶段、滑移阶段。在粘滞阶段，静摩擦力逐渐增至一定值，一旦外力足以克服这个摩擦力，接触界面就会发生滑移。

在黏滑过程中，摩擦力与时间关系的曲线呈锯齿状，只有静摩擦力因数明显大于滑动摩擦因数，才能发生这种典型的黏滑运动。如果动摩擦因数随着滑动速度的变化斜率在某个速度下为负值，那么就会出现谐振现象，根据资料，黏滑运动可以总结为如下数学模型[①]，具体如图3.4-7所示：

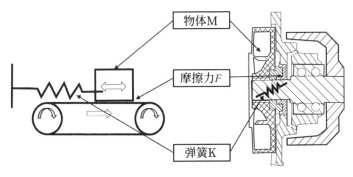

图3.4.7 水泵黏滑运动构成图

---

① Koichiro Ono, Yuji Nomoto, Junichiro Onigata, Analysis of Squeak in Mechanical seal Used in water Pumps, SAE Technical papers，2000（1）.

依据上图可知：物体 M= 水泵皮带轮惯性力矩 I；摩擦力 F= 水封动环静环摩擦力 F；弹簧 K= 水泵轴承抗扭刚度 K。如上图，水泵的叶轮、水封动环即为模型中的物体 M；动环与静环之间的摩擦力为物体 M 与皮带之间的摩擦力 F；轴承、皮带轮为模型中的弹簧 K。模型中的物体运动过程，停止位置为起始点，终点位置为滑移发生位置，两者之间为中间位置，即动摩擦开始瞬间位置。如图 3.4-8 所示：

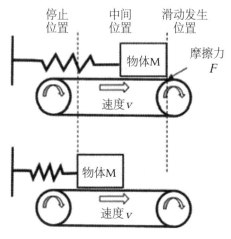

图3.4-8　水泵黏滑运动数学模型

物体 M 从停止位置到滑动位置发生位移，刚开始，物体受弹簧力作用，此时还未克服静摩擦，物体 M 以匀速 v 滑动。在中间点位置瞬间，受动摩擦力及反向弹簧力作用，物体 M 先加速后减速，直到达滑动位置速度为 0。滑动位置受弹簧力作用，发生反向移动，回归到中间位置点、停止位

置点。如图 3.4-9 所示:

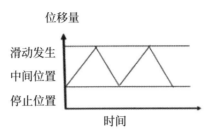

图3.4-9　黏滑位移"矩形波"图

为了验证模型所反映的发生滑动情况（即"矩形波"），伊格尔工业株式会社（EKK）针对水封单品进行滑动试验，如图 3.4-10 所示:

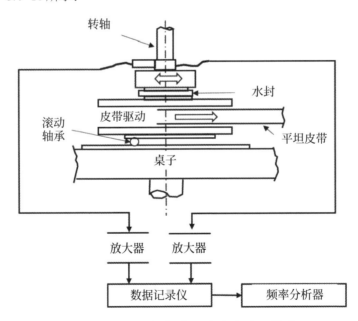

图3.4-10　转轴黏滑运动试验原理简图

分别在相应位置布置加速度传感器、间隙传感器。启动
试验设备，驱动轴带动水封转动，通过传感器采集变化数值，
如图 3.4-11 所示：

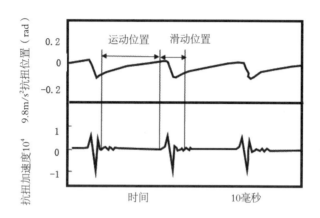

图3.4-11　发生异响的转轴动作图

从图可知，明显有"矩形波"图形，与模型理论分析一
致，水封发生滑动的位置即图 3.4-12 所示位置：

图3.4-12　水封发生滑动的位置

物体 M 在位置停止点、滑动点均受到最大静摩擦力的作用，速度小，加速度最大，在滑动与中间点之间、中间与停止点之间受动摩擦力作用，速度大，加速度相对停止点、滑动点会变小。如图 3.4-13：

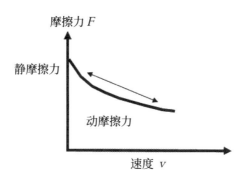

图3.4-13　水封发生滑动时F-v曲线图

据资料介绍，水封 F-v 的特性（图 3.4-14 所示）与水封异响有密切相关性。

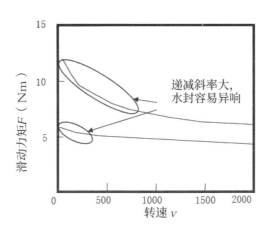

图3.4-14　水封F-v曲线斜率与异响关系图

　　水封动环与静环之间密封流体是水循环系统中低黏度的流体，由于动环与静环之间的滑动面的液膜形成不充分，滑动面之间的润滑状态与边界润滑特性有关，摩擦力 $F$ 与速度 $v$ 特性呈梯度递减状态。无异响的水封，$F$-$v$ 特性图的斜率递减小，而出现异响的水封一般递减斜率大。车辆启动进入怠速运行时，一般发动机转速约 700 ~ 900r/min，容易发生异响的水封是覆盖怠速转速区，因此，水封与车辆的匹配非常重要。从图 3.14-15 可知，在停机转速区域，水封会出现异响区域，此时的斜率很大，很容易发生异响，这与实际情况中有些车辆在启动或者停车瞬间出现极短异响，而正常行驶中无异响的情况相符。

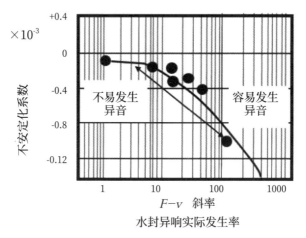

图3.4-15　$F$-$v$曲线斜率与不安定化系数关系图

　　部分水封容易发生异响，怎样才能让水封没有异响呢？据水封生产厂商试验可知，水封的异响和不安定化系数有关系：

其中，$\lambda$ 为水封 $F$-$v$ 曲线斜率；$I$ 是叶轮惯性量；$k$ 是轴的旋转强度。不安定化系数计算公式如下：

$$\zeta = \frac{\lambda}{2 \cdot \sqrt{I \cdot k}}$$

$F$-$v$ 曲线斜率一般为负值，不安定化系数值越大，越容易发生异响，数值越小越难发生异响。从公式可知，水封 $F$-$v$ 曲线斜率一旦确定，斜率值即保持不变，要使水封不产生异响，可以通过增大叶轮转动惯性量或者轴承的旋转强度。水封异响主要有以下几种原因：

（1）低速运转过程中水封摩擦扭矩大，容易产生振动，发生异响。

（2）动环静环对材料自润滑性不好，摩擦系数大，导热系数小，容易产生异响。

（3）动环与静环密封端面比压过大，动环与静环端面容易变形，实际接触面积小，容易异响。

（4）冷却液有结晶物析出，传热性能不好，使冷却温度升高或者黏度过低，都会导致磨损加剧而产生异响。[1]

水封异响的原因是复杂的，如何准确判断哪种异响为水封发出而不是水泵皮带等部位发出的，就显得非常重要。最近几年测量仪器设备升级，一般可以通过测量水封异响时的

---

[1] 德永雄一郎，井上秀行，岗田健，等.改善汽车发动机水封润滑性能的研究 [J].流体机械，2017，45（1）.

振动频率进行区分，大体流程如下：在水封异响试验台或者制作专用工装台上，通液后，在水泵壳体上对准水封安装位置钻孔，布置传感器，连接频谱分析仪，记录运转时的异响发生时对应的频率、振幅等参数，此时异响发生时的频率就是水封固有频率。水封运行时避开固有频率及附近频率，可以有效避免异响发生。固有频率与异响主要是共振所致。根据《固体物理学》中的相关内容，物体的固有频率取决于物体自身的刚度（不是强度），而刚度由物体的结构形式决定。当物体受迫振动时，其振动的频率取决于外界振动的频率，当两者频率相近时，就会产生明显振动加剧现象，简化公式：

$T = 2\pi\sqrt{m/k}$；

$m$ 为物体质量，单位是 kg；

$K$ 为物体的劲度系数，单位是 N/m；

$T$ 为周期。

除了理论计算，可采用锤击法、振动台正弦扫频共振法、动态固有频率测试法测量水泵总成的固有频率，通过多组试验，找到水封异响时水泵总成固有频率的规律性，间接找到水封固有频率。[①]

锤击法主要有传递函数判别法和自谱分析法。传递函数判别法为用一特定已知可控的激振力，同时测出力信号与响应信号，通过传递函数的分析，得到系统的固有频率。当激

① 胡滨.汽车水泵总成固有频率测试方法与分析[J].山东工业计算，2015（1）.

振力为单位理想脉冲时，输入信号冲击持续时间为无穷小，对输出信号的时域波形做自谱分析得到频谱图，从频谱图中得到系统的各阶固有频率。

振动台正弦扫频共振法，即水泵通过夹具固定在振动台面上，控制加速度传感器固定于振动台的水平滑台上，检测加速度传感器固定与水泵轴端。对水泵进行扫频，将水泵响应型号采集到频谱中，与控制加速度幅值谱比较后，获得水泵固有频率。

动态固定频率测试法，指水泵按发动机安装条件布置，通过实时采集不同转速下的工作噪声声压信号，输入计算机进行声压谱分析。将不随转速变化的声压谱峰值频率点定义为水泵动态固有频率点。

## 3.5轴连轴承

水泵轴承主要承受皮带传动过程中的静载荷和交变载荷，皮带传动过程中，会对轴承形成变化的交变应力，旋转零件的不平衡性形成的惯性力，则是作用在轴承上的静应力，理论上，需对静强度、疲劳强度进行设计校核，但因静应力对轴承寿命影响较小，一般不专门校核。目前，绝大多数汽车水泵轴承为轴连轴承结构，分一球一柱或者双球深沟球轴承结构，如图 3.5-1 所示为典型的双球深沟轴承结构：

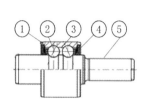

| NO. | 子件名称 | 材料 | 数量 |
|---|---|---|---|
| 1 | 外圈 | 100Cr6 | 1 |
| 2 | 钢球 | 100Cr6 | 16 |
| 3 | 保持架 | PA66+GF25 | 1 |
| 4 | 密封圈 | NBR | 2 |
| 5 | 芯轴 | 100Cr6 | 1 |

图3.5-1 轴承结构简图

轴承工作中，外圈沟道、芯轴沟道和钢球之间的相对旋转运动，会产生周期性的变化接触应力。应力的长期积累会使沟道、钢球的接触表面出现疲劳点蚀、噪音、振动等，甚至导致轴承失效。在设计开发阶段，通过校核轴承寿命来选择轴承就显得非常必要。

### 3.5.1 轴承寿命校核相关概念

轴承寿命设计不合理，会出现轴承失效。水泵轴承失效形式，主要有疲劳点蚀失效、塑性变形失效、磨损失效。因此，校核寿命时，要分别有针对性地侧重：

（1）疲劳点蚀失效，指在滚动接触面（钢球、沟道）出现的点蚀斑点。它要求设计寿命大于疲劳点蚀失效所需的寿命，防止出现点蚀疲劳。

（2）塑性变形失效，指芯轴、外圈、钢球在运转过程中产生的塑性变形。它要求对轴承进行静载荷计算，以防止产生塑性变形失效。

（3）磨损失效，指运动体及接触面在运转过程中发生过量磨损。它要求设计时限制轴承转速，防止过量磨损。

### 3.5.2 寿命计算中的基本概念

（1）轴承寿命，指轴承芯轴滚道、外圈滚道、钢球在产生第一个疲劳点蚀前总转动次数或总工作时间。轴承寿命的数值一般都有相当的离散性，即同一批生产出来的同类轴承的寿命有差异。需要采用可靠度进行评价。

（2）可靠度，一般用 $R$ 表示，由于轴承寿命具有离散性，需要对轴承进行抽样试验，以抽样可靠度情况来判断轴承的合格率，具体范例如下：

设定抽样数量为 $N$，在特定的载荷下进行加载运行，经过一段时间后，其中有 $N_1$ 件发生点蚀，如图3.5-2所示：

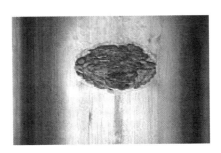

图3.5-2 轴承点蚀

此时轴承的可靠度为：$R = (N-N_1)/N \times 100\%$；

可靠度与试验中所加载荷和试验时间有关。在设计校核时，要明确载荷、试验时间等技术信息。其工作原理是，将测试轴承正确安装在试验设备上，为了保障轴承运行，会对应装上从动轴承配平，驱动轮与外部电机连接，测试轴承在试验台内部有专用油道润滑，能通过注油口添加润滑油，在回油口收集润滑油。在测试轴承上方按照规定要求加载力 $F_r$，此力值可以调整设定以对应不同载荷要求，模拟轴承受径向载荷。启动设备，驱动轮转动，进行试验。原理简图如图 3.5-2 所示：

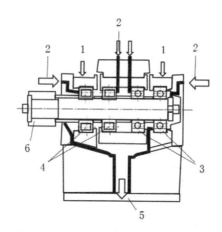

图3.5-2　轴承可靠度试验原理简图

1.径向载荷　2.注油口

3.测试轴承　4.从动轴承　5.回油口　6.驱动轮

按照上图原理，对某轴承进行可靠度试验，如下：试验型号 6A，极限转速 14 000rpm，试验抽样数量 10pcs，径向载荷 1 550N，设备转速 20 000rpm，设备油温 90℃，试验时间 10 000h。试验过程中，第 8 348h 出现 1 轴承点蚀疲劳失效，可靠度为90%。

针对可靠度合格与否，轴承国标有明确规定，试验载荷为纯径向载荷，试验时间 $L=10^6$ 转次，轴承的可靠度 $R \geqslant 90\%$ 时，轴承寿命合格。目前，各轴承生产厂商有高于国标规定的可靠度要求。

（3）基本额定寿命 $L$，指轴承在可靠度 $R=90\%$，试验载荷为 $C$ 时的寿命，即试验时间 $10^6$ 转次，$L=10^6$ 转次。

（4）基本额定动载荷 $C$，指在可靠度 $R=90\%$，试验时间为 $10^6$ 转次时，轴承所能承受的最大载荷。

（5）轴承寿命计算，$L = \dfrac{10^6}{60n} \left(\dfrac{f_t C}{f_p P}\right)^{\varepsilon}$

其中，$\varepsilon$：轴承寿命指数。

$n$：轴承转速。$n$ 越高，轴承寿命越低，当 $P$ 一定时，n 增加一倍，轴承寿命减少一半。当转速 $n$ 移动时，$P$ 增加一倍，轴承寿命减少 $\left(\dfrac{1}{2}\right)^{\varepsilon}$ 倍。

$C$：基本额定动载荷。

$P$：当量动载荷，即将轴承上实际载荷 $F_r$ 和 $F_a$ 转化为与基本额定动载荷 $C$ 方向相同后的载荷，当量动载荷 $P$ 的计算为 $P=aF_r+bF_a$，式中 a、b 分别是径向载荷和轴向载荷折算系数；$F_r$ 和 $F_a$ 分别是径向载荷、轴向载荷，它可用力平衡方程式求解。例如：某水泵轴承受到的径向载荷为 $F_r$，$F_r$ 到轴承外圈边缘的距离为 $L$，受力如图 3.5-3 所示。

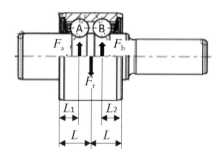

图3.5-3　轴承受力简图

以芯轴为受力分析对象，它受径向载荷 $F_r$，对钢球 A 的支撑力 $F_a$，对钢球 B 的支撑力 $F_b$ 的作用。

根据平衡条件：$\qquad\qquad F_r=F_a+F_b$ （1）

以钢球 A 为支点力矩平衡方程：$F_r(L-L_1)=F_b\times$ $(2L-L_1-L_2)$（2）

以钢球 B 为支点力矩平衡方程：$F_r(2L-L_2)=F_a\times$ $(2L-L_1-L_2)$（3）

联合方程（1）（2）（3），求解得 $F_a$、$F_b$。此时，当量载荷 P 是 $F_a$、$F_b$ 中的较大值与水泵轴向力的合力。

从上述当量动载荷 P 的求解可知，$F_r$ 径向载荷的准确性关乎当量动载荷 P 值，水泵轴承的径向载荷通常通过皮带张力测量近似径向载荷，或者轴承表面贴应变片换算径向载荷。径向载荷一般为主机厂给定，但也可理论计算而得。

某型号冷却水泵为一球一柱结构。轴承外圈通过过盈配合装配在泵体轴承孔内，轴承芯轴经皮带轮转动由发动机曲轴驱动。芯轴一端装配叶轮，另外一端装配皮带轮。根据受力分析可知，水泵受力情况如下：（1）皮带轮的拉力 $F_1$、$F_2$；（2）水泵叶轮产生的轴向力 $F_{aw}$ 及径向力 $F_{rw}$；、转动力矩 $M_w$；（3）轴承滚动体径向反作用力 $F_{r1}$、$F_{r2}$、轴向反作用力 $F_{a1}$；（4）各子件的自身重力。带传动工作时，一边张紧力 $F_1$，另外一边张紧力 $F_2$；两者之差即为带的有效拉力 $F$。根据已知水泵带轮传动功率 $P$，可计算 $F=1\,000P/v_b$（$v_b$ 为带速，m/s）；皮带张力 $F_0 = \dfrac{F}{2}\left(\dfrac{e^{uv\alpha}+1}{e^{uv}\alpha-1}\right) + qv_b^2$，其中 uv 为摩擦系数，a 为皮带包角。皮带工作时，紧边增加的拉力等于松边减小的拉力，即 $F_1=F_0+F/2$，$F_2=F_0-F/2$。故皮带拉力的水平分量为 $F_{1H}=F_1\sin b$，$F_{2H}=F_2\sin c$；竖直分量为 $F_{1V}=F_1\cos b$，$F_{2V}=F_2\cos c$。[1] 皮带包角如图 3.5-4 所示：

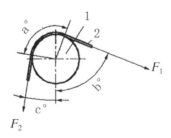

图3.5-4　皮带包角图示

1.皮带轮　2.皮带

① 李正美,唐建平,安琦.汽车水泵轴承载荷计算方法及寿命计算[J].轴承，2010（5）.

皮带拉力作用在皮带轮上，为了简化计算，将其视为一质点，将皮带轮受到的拉力视为轴承直接承受拉力。

根据前文对水泵受力的分析可知，轴承的受力分析简图（图3.5-5，图3.5-6）可将水泵轴承轴系水平、竖直两个平面力系图通过建立力平衡及弯矩平衡方程，可得径向载荷。[1]

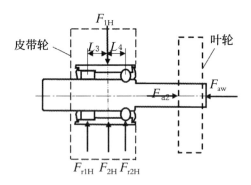

图3.5-5　水平平面内的力系平衡

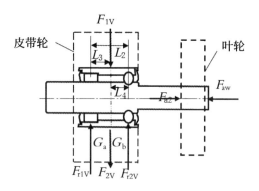

图3.5-6　竖直平面内的力系平衡

① 李正美,唐建平,安琦.汽车水泵轴承载荷计算方法及寿命计算[J].轴承，2010（5）.

得 $F_{r1}$、$F_{r2}$。即为：

$$F_{r1} = \frac{1}{L_2}\sqrt{(F_{1H} - F_{2H})^2(L_2 - L_3)^2 + (F_{1V} + F_{2V} + G_b)(L_2 - L_3)}$$
$$F_{r2} = \frac{1}{L_2}(F_{1H} - F_{2H})^2 L_3^2 + [(F_{1V} + F_{2V} + G_b)L_3 + G_a L_4]^2$$

由于仅有深沟球轴承受轴向载荷，则轴承轴向载荷 $F_{a2} = F_{aw}$。

### 3.5.3 轴承的生产工艺基本介绍

轴承子件外圈、芯轴、钢球、保持架、防水密封圈制造完成之后进行组装，轴承的生产工艺流程如下：

外圈：原材料→旋削→材料探伤及尺寸检查→热处理→外圈面、端面磨削→沟道研磨→沟道超精研磨→探伤等异材检出→清洗→沟径测定、分组。例如，某型号轴承外圈磨削工程说明如下：

轴承外圈的端面磨削：

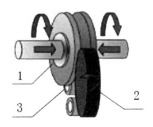

图3.5-7 外圈端面磨削示意图

1.砂轮 2.送料盘 3.外圈零件

　　砂轮形状修整为中间凹陷形状，根据外圈零件的尺寸对应修整砂轮凹陷外径、宽度尺寸；外圈零件在送料盘的推动下，向前进给，当进入到砂轮工进位置时，砂轮先向左移动，此时磨削外圈右端面到规定尺寸，再向右移动，磨削外圈左端面到规定尺寸，然后回到中间位置，采用中间部位的砂轮磨削外圈的外圆，此时，左、右端面悬空，直至加工到成品直径尺寸，送料盘转动，将外圈零件送到出料口落入下料通道。端面磨削工序重点品质把控如下方面：

　　（1）砂轮更换首件，切割腐蚀确认内部金相组织、硬度及防止磨削烧伤等缺陷；

　　（2）磨削部位的尺寸严格控制，可按初品2件、抽检2件 /30min、终品2件进行品质抽检确认。

　　轴承外圈的外径磨削：

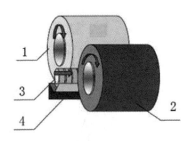

图3.5-8　外圈外圆表面磨削示意图

1.砂轮　2.导轮　3.外圈零件　4.托板

　　砂轮形状修整要根据外圈零件的尺寸对应修整砂轮外径、宽度尺寸。外圈零件依次整齐排放在托板上，托板向前进给，当进入到砂轮工进位置时，外圈零件在导轮的作用下旋转，同时砂轮磨削外圈表面，实现磨削加工，直至加工到成品直径尺寸，依次磨削托盘上的零件。加工完成的外圈零件被送到出料口，落入下料通道。此工序品质把控要点有以下方面：

（1）砂轮更换首件，切割腐蚀确认内部金相组织、硬度及防止磨削烧伤等缺陷；

（2）磨削部位的尺寸严格控制，可按初品2件、抽检2件/15min、终品2件进行品质抽检确认；

（3）磨削过程中，对磨削液/油的温度、流量需要严格精确控制，以确保磨削品质的一致性。

轴承外圈的沟道初级研磨：

原理如图3.5-9所示。外圈零件依次整齐排放在托板上，托板以外圈表面为夹紧定位基准，夹紧零件，向前进给。研磨砂轮为粒度大小适中的砂轮，研磨部位的形状修整根据零件的尺寸对应修整圆弧半径、宽度等尺寸。当托板进入到研磨砂轮工进位置时，砂轮旋转，实现对沟道研磨加工。由于沟道要求表面质量高，一般需要2到3次研磨。由于外圈的沟道在零件内侧难以目视观察，对它的测量判断需要调整到特殊角度或用特殊工装，它的加工难度比芯轴沟道更加大，因此，外圈沟道研磨是保证轴承质量的重要、关键工序，是品质把控的重中之重。

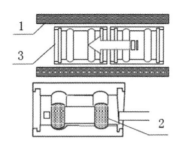

图3.5-9 外圈沟道研磨示意图

1.砂轮 2.托板 3.外圈零件

外圈沟道研磨时注意事项如下：

（1）砂轮更换首件，切割腐蚀确认内部金相组织、硬度及防止磨削烧伤等缺陷；

（2）磨削过程中，对磨削液／油的温度、流量需要严格精确控制，以确保磨削品质一致性；

（3）对磨削部位的尺寸严格控制，可按初品2件、抽检2件／5min、终品2件进行品质抽检确认。

轴承外圈的沟道超级精研磨：

原理如图3.5-10所示。

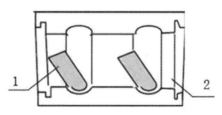

图3.5-10 外圈沟道超精研磨示意图

1.油石 2.外圈零件

超精研磨工序，它先夹紧零件外圆表面，磨削时，零件旋转油石做高速摆动加工。它的磨削原理是：将精磨油石修整到规定形状，同时试加工，确认修整油石形状满足要求，满足要求的油石伸入到沟道内部，此时零件旋转，油石高速摆动，对沟道进行超精研磨。它需要重点确保如下方面以保证研磨品质：

（1）磨削过程中，对磨削液/油的温度、流量需要严格精确控制，以确保磨削品质一致性。

（2）油石的修整，必须通过试加工，以确保无批量不良风险发生。

（3）对抽检频次需要调整，加工完成后，表面质量很好，抽检会导致零件表面损失报废。因此，通常在保证油石使用寿命的前提下，按照初品抽检 2 件，终品抽检 2 件进行，主要是控制加工过程条件，如温度、流量、油石粒度等，保证品质的一致性。

轴承外圈的清洗：

可采用超声波或者清洗液设备进行清洗。如下为清洗液清洗设备的相关介绍。

设备的夹紧工装夹持外圈表面，通过夹持实现搬运到清洗工位，清洗完成后，夹持搬运到下料位置，完成清洗。清洗原理如图 3.5-11 所示：

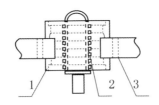

图3.5-11　外圈清洗示意图

1.外圈零件　2.清洗工位　3.夹具

清洗工位一般有 2 个工位，分别是外表面清洗、内沟道清洗及吹干。清洗设备一般配备 3 道过滤，最小过滤袋精度为 10 μm，清洗完成后，清洁度可以达最大质量 ≤ 1mg，最大颗粒度 ≤ 150 μm。

轴承外圈沟道直径测定分组：

对沟道尺寸测量，一般采用电感量仪的测量，头部一般为球形测头，伸入沟道，直接测量直径，按照公差范围分 3 组别以配钢球。测量尺寸示意图如图 3.5-12 所示：

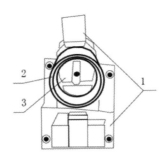

图3.5-12　外圈沟道直径测量示意图

1.夹具　2.外圈零件　3.电感量仪测头

芯轴的生产工艺流程如下：原材料→旋削→热处理→材料探伤及尺寸检查→外圆磨削→沟道研磨→沟道超精研磨→探伤等异材检出→清洗→沟径测定、分组。例如，某型号轴承芯轴加工工艺说明如下：

轴承芯轴的外圆磨削：

芯轴外圆磨削原理如图 3.5-13 所示。砂轮形状修整需根据芯轴零件的尺寸，修整砂轮外径、宽度尺寸；芯轴零件以两端中心孔为定位基准或者以导轮引导芯轴零件旋转进行无芯磨削加工。当进入到砂轮工进位置时，砂轮磨削芯轴外圆表面，实现磨削加工，直至加工到成品直径尺寸，加工完成的零件送到出料口落入下料通道。此工序重点品质把控如下方面：

（1）砂轮更换首件，切割腐蚀确认内部金相组织、硬度及防止磨削烧伤等缺陷；

（2）磨削过程中，对磨削液／油的温度、流量需要严格精确控制，以确保磨削品质一致性；

（3）对磨削部位的尺寸严格控制，可按初品 2 件、抽检 1 件 /30min、终品 2 件进行品质抽检确认。

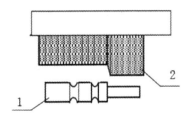

图3.5-13  芯轴外圆磨削示意图

1.芯轴零件  2.砂轮

轴承芯轴的沟道磨削：

芯轴沟道磨削原理如图 3.5-14 所示。

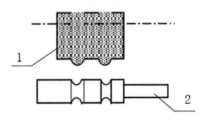

图3.5-14  芯轴沟道磨削示意图

1.砂轮  2.芯轴零件

研磨部位的形状修整要根据零件的尺寸对应修整圆弧半径、宽度等尺寸；芯轴零件以两端中心孔为定位基准或者以导轮引导芯轴零件旋转进行无芯磨削加工。当进入到砂轮工进位置时，砂轮磨削芯轴沟道，实现磨削加工，直至加工到成品直径尺寸。由于沟道要求表面质量高，一般需要 2 ～ 3

次研磨。沟道研磨是保证轴承质量的重要、关键工序，是品质把控的重中之重，注意事项如下：

（1）砂轮更换首件，切割腐蚀确认内部金相组织、硬度及防止磨削烧伤等缺陷；

（2）磨削过程中，对磨削液／油的温度、流量需要严格精确控制，以确保磨削品质一致性；

（3）对磨削部位的尺寸严格控制，可按初品2件、抽检2件／5min、终品2件进行品质抽检确认。

轴承芯轴的沟道超精研磨：

它研磨原理如图3.5-15所示。

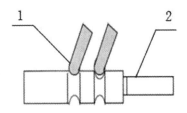

图3.5-15　芯轴沟道超精研磨示意图

1.油石　2.外圈零件

进行超精研磨工序，要先夹紧零件外圆表面，磨削时，零件旋转，油石做高速摆动加工。它的磨削原理是：将精磨油石修整到规定形状，同时试加工，确认修整油石形状满足要求，此时零件旋转，油石高速摆动，对沟道进行超精研磨。它需要重点确保如下方面以保证研磨品质：

（1）磨削过程中，对磨削液／油的温度、流量需要严格精确控制，以确保磨削品质一致性；

（2）油石的修整，必须通过试加工，以确保无批量不良风险发生；

（3）对抽检频次需要调整，加工完成后表面质量很好，抽检会导致零件表面损失报废。因此，通常在保证油石使用寿命的前提下，按照初品抽检2件，终品抽检2件进行，主要是控制加工过程条件，如温度、流量、油石粒度等，保证品质的一致性。

轴承芯轴的清洗：

可采用超声波或者清洗设备进行清洗。如下为清洗液清洗设备的相关介绍。

设备的夹紧工装芯轴外表面，通过夹持实现搬运到清洗工位，清洗完成后，夹持搬运到下料位置，完成清洗。清洗图示如图3.5-16所示：

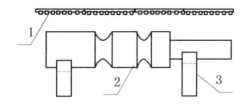

图3.5-16　芯轴清洗示意图

1.清洗喷嘴芯轴零件　2.芯轴零件　3.支撑块

1个清洗工位分别实现外表面清洗、内沟道清洗及吹干。

一台清洗设备一般配备 3 道过滤，最小过滤袋精度 10μm，清洗完成后清洁度可以达最大质量 ≤ 1mg，最大颗粒度 ≤ 150μm。

轴承芯轴沟道直径测定分组：

对沟道尺寸测量，一般采用电感量仪的测量，头部一般为圆柱体测头，量仪采用"C"形布置，卡在芯轴沟道位置，直接测量直径，然后分组。测量时，为确保尺寸准确要求仅测头与零件接触，支撑部位非接触，原理示意图如图 3.5-17 所示：

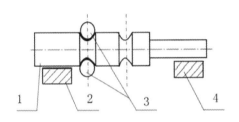

图3.5-17　芯轴测量示意图

1.芯轴零件　2.支撑块1　3.测头　4.支撑块2

沟道测量是手动上料，按下设备启动按钮，测头自动下降到沟道处，设备读数沟道直径并进行分组。测头在使用过程中会与沟道接触，长期使用容易磨损，因此，测头和沟道都需要定期校准及确认磨损情况，一般按类似如下方式进行：

（1）首先，使测头下降到工作位置，让它处于测量状态，如图 3.5-18 所示：

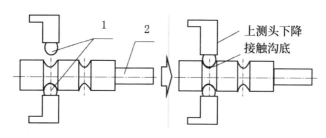

a.测头原始状态                    b.测头进行测量时的状态

图3.5-18    测头下降示意图

1.硬质合金测头    2.芯轴

（2）用非弹性软绳（如麻绳）拴住上测头，弹簧测量器拉住绳子的另一端并提升上测头，测量测头刚有动作时的拉力值并记录；因为沟道测量要尽量精确，所以需要严格控制测量压力，一般测量压力以 0.8kgf 左右为宜。测头更换周期严格落实，一般更换频率为 1 次／月，生产过程中，若测头磨损可能导致有测量伤印，应停止生产，更换测头。更换测头时要记录变化点、压力测试等工作。如图 3.5-19 所示：

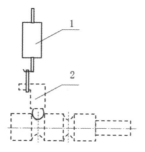

图3.5-19    测头下降示意图

1.测量器    2.上测头

（3）定期校核芯轴中心线跳动，以保证中心线平直。先将上测头下降到工作位置，架千分表于芯轴外圆表面，预压千分表，同时将表读数清零，此时，将设备的下测头往上升起，直至压到芯轴，此时读表值为跳动值，即为设备中心线是否平直的评价指标。工作示意图如图3.5-20所示：

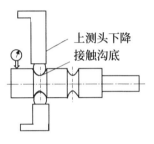

图3.5-20　中心线跳动校核示意图

钢球生产工艺流程主要如下：原材料→冷镦→光磨、软磨→热处理→硬磨→研磨、双滚筒→精磨→清洗→外观检测→沟径测定、分组→包装。例如，某型号轴承钢球生产工程说明如下：

原材料：每个规格、每个炉号材料都进行验收测试，主要是对材料机械性能方面的测试；

冷镦：一般在常温条件下，使原材料发生塑性变形，形成球坯。冷镦原理如图3.5-21所示：

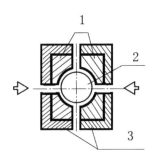

图3.5-21　冷镦示意图

1.模架　2.原材料　3.冷镦模腔

原材料通过输送工装被运送至模具内部，冷镦模具合模冷镦，直接成型球坯。冷镦设备都有压力自动监控仪，生产时，若原材料进料长度不够导致压力变化，会自动停止生产。设备调试时，模具调整间隙过大会造成材料在冲压过程中未完全成型的缺陷。

光磨：它的主要作用是为了去除球坯表面不平、缺陷，同时为了提高钢球表面粗糙度，使球坯初步形成球形。光磨原理如图 3.5-22 所示：

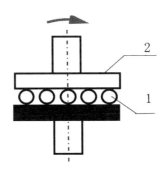

图3.5-22　光磨示意图

1.球坯　2.砂轮

通过固定铁板和转动砂轮，对球坯施加一定的压力进行磨削。光磨待加工品形状不规律，光磨设备在开机时对设备压力进行缓慢加载，如果直接加大压力，会导致钢球在进入设备的一瞬间所受压力过大，产生变形或其他缺陷。

热处理：一般采用渗碳淬火＋回火工艺，使钢球具有一定的渗碳层及硬度、韧性等特性，通过对淬火、回火的时机、温度等工艺参数进行有效控制，确保品质的稳定性。

强化：部分钢球有此工序。通过强化机使钢球相互撞击，使钢球表面发生塑性强化，提高钢球表面的压应力及表面硬度。原理如图3.5-23所示。

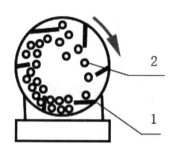

图3.5-23　强化示意图

1.强化机　2.钢球

硬磨：通过固定铁板和转动砂轮板，在一定的压力下进行磨削，去除球表面的黑色氧化层，修改球形，确保准确度。原理如图3.5-24所示。

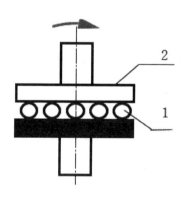

图3.5-24　硬磨示意图

1.光球　2.砂轮

初研磨：采用两个铸铁初研盘，加入磨料，通过一定的

压力和机械运动，提高钢球表面的质量。原理如图3.5-25
所示。

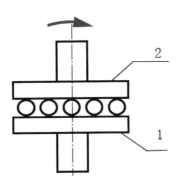

图3.5-25　初研磨示意图

1.铸铁研盘1　2.铸铁研盘2

精磨：装夹及设备与初研磨相同，设备上加入磨料，在
一定的压力、机械运动的作用下，进一步提高钢球的精度、
表面质量。

清洗：一般通过螺旋式清洗及升降式周转箱来提高清洗
质量，避免钢球表面被破坏。在生产过程中要不断地循环过
滤清洗液，以保证钢球的清洁度。

尺寸检测分组：钢球成品需要对直径进行测量，并按不
同组别分选。对钢球的测量，一般都有专门工装，如图3.5-
26测量示意图：

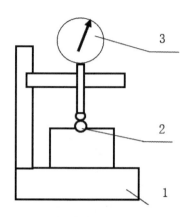

图3.5-26　钢球直径测量原理示意图

1.基座　2.钢球　3.千分表

保持架：

水泵轴承属高速运转轴承，对滚动轴承提出了许多新要求，例如，使得保持架在滚动轴承中的作用远超出保持、隔离、引导滚动体正常转动动作；耐磨损、抗振动、抗磁性、耐腐蚀、低摩擦，符合这些要求的新材料塑料保持架被广泛运用。大部分水泵轴承的保持架采用PA66材料，它具备密度小、结构强度高、耐热等良好特性。目前，主流水泵轴承生产厂商都大量使用塑料保持架，并将各类轴承的塑料保持架在一定尺寸范围内选作标准保持架，使用时直接选型即可。

塑料保持架的制造工艺主要如下：将粒状的原材料投入到设备料斗，抽真空，原材料被置于注塑机料道内，加热熔化，在注塑机柱塞或者螺杆加压作用，使熔融状态的原料从喷嘴注入安装在注塑成型机上模具型腔内，保温、冷却后即获得需要的保持架成品。它一次注塑成型，有较高精度的几何形状和尺寸精度，表面光洁明亮，生产效率高。如图3.5-27所示。

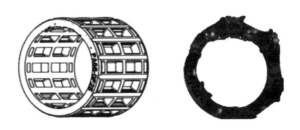

图3.5-27 塑料保持架

密封圈（挡水圈）：水泵轴承的两端面都有密封圈，它主要作用防止异物、灰尘进入轴承内部，防止油脂异常外漏，通常有如下三种结构：

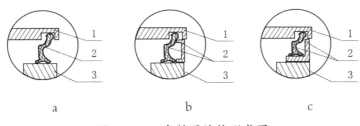

图3.5-28 密封圈结构形式图

1.轴承外圈 2.密封圈 3.轴承芯轴

图 a 密封圈的唇口为双层直接与芯轴密封，其密封原理与油封类似，即为靠轴承滚动体内侧唇口接触到芯轴，在泵吸作业下，内部油脂无法向外侧流动，靠外侧唇口与芯轴是间隙配合，此唇口为防尘作用。图 b 密封圈唇口与图 a 相似，但为了增加轴承防水能力，额外增加了金属挡圈。图 c 密封圈为了提高轴承防水能力也增加了金属挡圈，与图 b 相比较，原理类似。总之，水泵轴承的密封圈不能完全防水，并且不能完全封闭；除了结构原因导致无法完全密封外，还因为：若密封圈完全密封，会导致轴承内部形成负压，油脂反而会向外泄漏。轴承的防水能力评价具体见轴承单品试验章节。

密封圈结构为金属骨架 + 表面硫化工艺。其中，金属骨架为冲压五金件，将表面清洗干净后进行表面橡胶硫化。橡胶硫化生产工艺主要为：原材料入库检查→加热→预成型→成型→精加工→二次加硫→外观检查→出货包装。

轴承总成组装：

组装生产线一般为半自动流水线，工艺流程为：外圈、芯轴装配→钢球插入→保持架压入→游隙检查→外观检查→清洗脱油→音响检查→注油脂→压密封圈→综合检查（游隙、异音、尺寸）→重量检查（防漏装、错装）→涂油包装。

# 第4章 水泵总成装配及拆解

## 4.1水泵总成装配工艺

目前，水泵装配有泵体加热、泵体常温压装轴承两种工艺。常温压装工艺如下：子件取料→涂胶→压轴承→压水封→压叶轮→压皮带轮→装密封圈或者涂胶→密封性校验→性能抽检→打标识包装出货。

加热压装工艺如下：子件取料→泵体加热→吹干内孔→涂胶→压轴承→压水封→压叶轮→压皮带轮→装密封圈或涂胶→密封性校验→打标识包装出货。

泵体加热：部分水泵生产商在生产工艺编制上有泵体水加热工序，其目的是保证泵体轴承孔尺寸稳定，同时，吹干后，泵孔表面还有微量的水附着表面，在压轴承工序中起到湿润作用，有利于轴承压装时接触面无异常拉伤泵孔。泵体加热，水温一般控制在60℃，加热20s。加热完成后，用气枪吹干内孔，流动到下工序。水加热原理如图4.1-1所示：

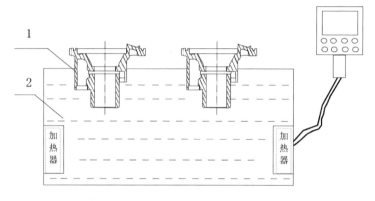

图4.1-1　泵体水加热

1.泵体　2.加热设备（含热水）

也有部分水泵生产商采用空气加热，不再赘述。

泵孔涂胶：目前，大部分水泵生产都在泵孔涂胶，常见胶型号有乐泰648、962T、609厌氧胶等。涂胶在距离泵体皮带轮侧的端面位置往下3～5mm处进行。绝大多数水泵生产商都采用自动涂胶机涂胶，它由气泵、工作台、喷头等组成。按下启动开关，气泵工作，此时胶通过喷头以雾状喷出，与此同时，喷头旋转，在泵孔内形成一个完整涂胶轨迹，自动涂胶机的喷头转速一般为2圈/s。喷胶速度过快，喷胶量减少，导致胶量不足；喷胶速度太慢，喷胶量过多，轴承压装阻力过大，影响压装效果。涂胶机在工作人员休息时间超过10min后，需要确认喷嘴上的胶是否凝固，必须先多次试喷胶量，确认喷胶量无异常才能再次启动设备进行生产。

胶属于危化品，必须定点放置、专人管理，作业遵守MSDS文件要求进行。

压轴承：以水泵泵孔的水封压装面环面及水封安装孔为定位面，轴承芯轴外圆为定位面，压装轴承，如图4.1-2所示：

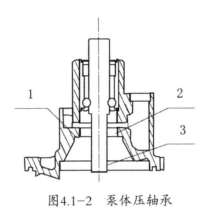

图4.1-2　泵体压轴承

1.水封压装环面　2.水封安装孔　3.芯轴外圆

轴承与泵孔的过盈量一般控制在0.036～0.065之间，过盈量大，会导致难压装，轴承与泵孔异常挤压，可能会导致轴承游隙变化，影响轴承使用寿命；过盈量小，轴承运行中可能会脱出，拔脱力不满足要求。压装设备多数为气缸压力机，压入力一般控制在5kN～20kN。压装轴承的工装必须紧靠轴承外圈，以确保轴承芯轴不受到任何外力作用，实践中可以采用涂红丹法确认接触面进行确认。

压轴承工序是水泵生产的关键工序，如果压装不好，直接影响水泵使用寿命，如轴承偏心拉伤泵孔（挤压痕迹，360°圆周方向不均匀，甚至有某些方向无挤压痕而其他角度挤压痕过深），如图4.1-3所示：

图4.1-3　泵孔拉伤

正常压轴承，轴承外圆表面360°与泵体泵孔过盈接触会有均匀的挤压，如果偏心拉伤，挤压不均匀，会导致轴承游隙变化，轴承寿命急剧下降。为保证轴承与泵孔无异常拉伤，通常需要严格控制压装夹具的精度，如图4.1-4所示，压轴承工装精度控制：

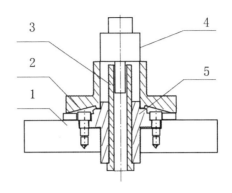

图4.1-4 泵体压轴承工装示意图

1.基座 2.泵体 3.芯轴套 4.轴承 5.座套

根据上图，轴承芯轴插入夹具芯轴套，严格控制晃动量，一般间隙值≤0.01mm，芯轴插入轴套长度≥8mm，使得轴承压入有良好的导向作用。压装机的压头与工装座套中心线同心度≤0.01mm，工装座套跳动≤0.01mm，压头与工装标准芯棒上母线偏心量≤0.005/100mm。

压轴承时，首件剖切泵体，确认泵孔无异常拉伤。轴承表面与泵体泵孔的挤压状态，除了与夹具的同心、间隙量相关，还与泵孔粗糙度、泵孔尺寸公差、泵孔是否涂胶、泵体是否加热有一定的相关性。

某型号水泵，对轴承孔直径按正常控制状态，泵体轴承孔粗糙度分为4种状态：Ra0.6～0.8；Ra0.8～1.6；Ra1.6～3.2；大于Ra3.2。

泵体装配分为4种状态：

（1）常温涂胶和不涂胶。

（2）100℃空气加热涂胶和不涂胶。

（3）65℃水加热涂胶乐泰 609 胶。

（4）65℃水加热不涂胶。

试验前：

（1）轴承孔表面粗糙度用粗糙度检测仪测量，编号记录数值。

（2）轴承孔直径用气电动量仪检测，编号记录数值。

试验中：

（1）采用型号 EPW400 的压力机压装轴承，设备记录压入力曲线，并保存。

（2）装配后需要放置 2 天以上，待胶完全固化。

试验后：

（1）压出力用材料试验机压出轴承，记录压出力曲线及最大值。

（2）测量各种状态下轴承孔是否有拉伤情况，寻找拉伤与粗糙度的相关性。从实验效果看：

①与泵孔粗糙度、泵体是否加热有较大关系。一般对泵体无加热的常温压轴承工艺，要严格控制泵孔内部粗糙度，过大粗糙度会影响压装。

②对泵体有加热的生产工艺，加热温度要设置合理，避免温度过高导致压轴承拉伤泵孔。

某型号泵体不同状态下压轴承的轴承孔拉伤情况如下：

| 序号 | 压装状态 | 轴承孔粗糙度 | 实测轴承与孔过盈量 | 孔内拉伤情况 |
|---|---|---|---|---|
| 1 | 常温涂胶 | Ra0.6 ~ 0.8 | 0.063 ~ 0.066 | 无拉伤 |
| 2 | | Ra0.8 ~ 1.6 | 0.061 ~ 0.0625 | 无拉伤 |
| 3 | | Ra1.6 ~ 3.2 | 0.061 ~ 0.065 | 无拉伤 |
| 4 | | 大于 Ra3.2 | 0.0615 ~ 0.069 | 8% 有拉伤 |
| 5 | 常温不涂胶 | Ra0.6 ~ 0.8 | 0.061 ~ 0.064 | 无拉伤 |
| 6 | | Ra0.8 ~ 1.6 | 0.061 ~ 0.0645 | 无拉伤 |
| 7 | | Ra1.6 ~ 3.2 | 0.059 ~ 0.064 | 无拉伤 |
| 8 | | 大于 Ra3.2 | 0.059 ~ 0.068 | 无拉伤 |
| 9 | 100℃（保温10分钟）涂胶 | Ra0.6 ~ 0.8 | 0.062 ~ 0.065 | 40% 有拉伤 |
| 10 | | Ra0.8 ~ 1.6 | 0.063 ~ 0.067 | 40% 有拉伤 |
| 11 | | Ra1.6 ~ 3.2 | 0.063 ~ 0.065 | 60% 有拉伤 |
| 12 | | 大于 Ra3.2 | 0.061 ~ 0.064 | 35% 有拉伤 |
| 13 | 100℃（保温10分钟）不涂胶 | Ra0.6 ~ 0.8 | 0.0615 ~ 0.066 | 40% 有拉伤 |
| 14 | | Ra0.8 ~ 1.6 | 0.064 ~ 0.068 | 无拉伤 |
| 15 | | Ra1.6 ~ 3.2 | 0.060 ~ 0.064 | 无拉伤 |
| 16 | | 大于 Ra3.2 | 0.059 ~ 0.064 | 无拉伤 |
| 17 | 65℃水加热涂胶 | Ra0.6 ~ 0.8 | 0.059 ~ 0.065 | 无拉伤 |
| 18 | | Ra0.8 ~ 1.6 | 0.062 ~ 0.067 | 无拉伤 |
| 19 | | Ra1.6 ~ 3.2 | 0.059 ~ 0.066 | 无拉伤 |
| 20 | | 大于 Ra3.2 | 0.059 ~ 0.065 | 10% 有拉伤 |
| 21 | 65℃水加热不涂胶 | Ra0.6 ~ 0.8 | 0.061 ~ 0.065 | 无拉伤 |
| 22 | | Ra0.8 ~ 1.6 | 0.061 ~ 0.065 | 无拉伤 |
| 23 | | Ra1.6 ~ 3.2 | 0.058 ~ 0.062 | 无拉伤 |
| 24 | | 大于 Ra3.2 | 0.062 ~ 0.067 | 无拉伤 |

基于上述试验可知，泵孔不涂胶，一般不产生拉伤，因

此，为了规避泵孔压轴承时被异常拉伤，部分水泵生产商在压轴承工序不涂胶，但为了保证轴承拔脱力，在靠水泵皮带轮侧的泵孔端面采用反铆工艺，也称之为封边，如图4.1-5所示。采用这种工艺的轴承拔脱力远远超过设计拔脱力要求，缺点就是需要增加反铆设备，增加成本。

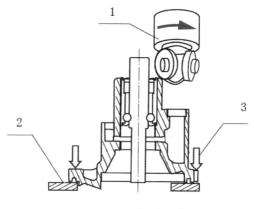

图4.1-5　压轴承反铆

1.反铆工装（带回转）　2.夹紧支撑块　3.夹紧点

压轴承工序还需要严格控制压装高度，一般要求压装后轴承端面与泵体轴承孔端面平齐。为确认是否压装到位，可以看测量压装高度值是否满足图纸要求，或者用一平直的刀口尺平口侧靠在轴承端面，观察轴承端面与刀口尺的间隙量是否异常来。采用刀口尺检查可以快速目视判断。轴承压装完成后，必须100%采用手转轴承，确认是否转动灵活，以手感判断是否有转动异常。

压堵盖：水泵的水封在正常工作过程中依靠"水膜"密封液态水，但对汽车的热状水蒸气无法密封，会有微量水蒸气渗透泵体，从泵体漏水孔流出。为了防止误判水封漏水，目前，主流水泵都会设计集水槽，使水封正常漏出的水蒸气进入集水槽储存、冷却、风干。这样，客户就不会误判水泵异常漏水了。集水槽上会有一个带小缺口的堵盖，它一般有两种方式压装固定：

第1种：集水槽的内孔采用加工保证尺寸，采用过盈压装堵盖。其优点是孔尺寸精确，压装的堵盖采用冲压工艺即可，不需要特殊工艺处理堵盖；缺点是采用机械加工内孔，内孔需要涂密封胶以增加密封性能，成本较高。

第2种：集水槽的内孔直接铸造成型，压装堵塞，并对孔与堵塞进行反铆固定。其优点是不对孔的尺寸进行加工，减少加工成本，同时压堵的时候在压头上制作凸点，使得压堵盖与反铆在同一工序完成，不额外增加反铆成本；缺点是堵盖的侧面（与集水槽内孔接触面）需要涂覆橡胶或硫化橡胶，以确保堵盖的侧面无漏水，使得堵盖成本增加。

综合考量上述两种方式，第2种方式目前使用较多。

堵盖一般采用镀锌板或者表面镀锌，以起到防锈作用。采用镀锌板冲压成型的堵塞，因为只是表面镀锌，冲压面无镀锌处理，所以实际使用过程中堵塞的冲压面容易生锈，一般需要对堵塞冲压面涂覆防锈油。目前，较常见的堵塞是采用先冲压成型，再整体镀锌，做防锈处理，以这种工艺做出来的堵塞，防锈能力可达 96h 无红锈，满足盐雾试验要求。

压堵盖是以水泵涡室内孔、涡室端面为定位面，堵盖装在压装工装上直接压装到位，压装设备以行程控制压装深度。压装示意如图 4.1-6 所示：

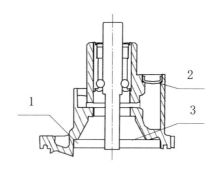

图4.1-6　压集水槽堵盖

1.涡室内孔　2.堵盖　3.涡室端面

压水封：以轴承芯轴外圆表面为定位点，泵体端面为端面定位基准，工装压紧水泵涡室端面，同时，以芯轴轴端面为辅助支撑，使压水封的作用力全部集中在轴承芯轴上，水封装夹在压头上，启动设备，压头缓慢下降，先套入轴承芯轴，继续下降，直至水封压入泵体的水封孔内，完成压装，压头抬起，各夹紧定位松开。示意图如图 4.1-7 所示：

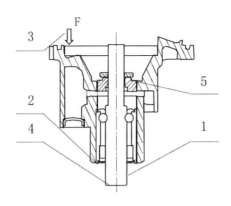

图4.1-7 压水封示意图

1.芯轴外圆定位面 2.泵体端面定位面
3.工装压紧力F 4.芯轴轴端辅助支撑 5.水封

水封压装关乎水泵是否异常漏水，属重点工序，因此需要特别注意如下几点：

（1）辅助支撑的弹簧力必须大于水封压装力，但不能过大，要求工装在保证轴承芯轴轴端面的辅助支撑顶起时，轴承芯轴的轴向变化量≤1/3轴向游隙。在压水封的过程中施加压力导致辅助支撑往下产生运动趋势，但轴向变化量≤1/3轴向游隙，防止因为生产过程中设备的轴向窜动，引起轴承内的滚球与沟道异常接触，产生损伤。

（2）压装设备的静态精度要定期校核，特别是压装工装的同心度，可在工装上夹紧标准棒，测量标准棒的上母线跳动值，跳动值要小于0.01/100mm。

（3）根据前章节介绍的水封知识可知，水封工作高度控制不合理会产生异常漏水，压装高度必须严格控制。水封内部有弹簧，压装到泵体后会出现压装高度不平，因此还必须增加对水封压装后端面跳动的测量。一般采用水封高度、端面跳动专用检具对它进行测量。测量原理如图4.1-8所示：

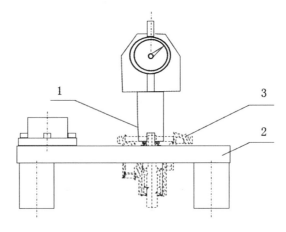

图4.1-8　水封高度测量检具

1.千分表测量检具　2.测量台基座　3.带水封的水泵

检具主体部分一般采用 GCr15/GCr18 牌号钢材，测量杆、手柄等采用热处理、冰冷时效处理以保证稳定性；测量杆与千分表之间的杠杆比为 1：1（绝大多数不会采用特殊的杠杆比，如传动比非 1：1，必须注明），手柄采用发黑表面处理，采用对比测量法进行测量。

测量时，先对标准件，调整千分表读数，表归零，然后将检具压在水封表面，读数，记录。需要在水封圆周上对测量 4 个点分别读数，这 4 个数的平均值即为水封压装高度，读数的最大值与最小值之差即为水封端面跳动值。

压叶轮：以轴承芯轴外圆表面为定位点，泵体端面为端面定位，工装压紧水泵涡室端面，同时以芯轴轴端辅助支撑，压叶轮的全部作用力集中在轴承芯轴上，避免轴承外圈受力，原理图如图4.1-9所示：

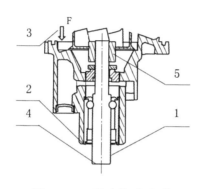

图4.1-9　压叶轮示意图

1.芯轴外圆定位面　2.泵体端面定位面
3.工装压紧力F　4.芯轴轴端辅助支撑　5.叶轮

叶轮压装需要注意如下几点：

（1）辅助支撑的弹簧力必须大于叶轮压装力，但不能过大，要求工装在保证轴承芯轴轴端面的辅助支撑顶起时，轴承芯轴的轴向变化量 ≤ 1/3 轴向游隙，在压叶轮的过程中施加压力导致辅助支撑往下产生运动趋势，但轴向变化量 ≤ 1/3 轴向游隙，防止因为生产过程中设备的轴向窜动，引起轴承内的滚球与沟道异常接触，产生损伤。

（2）压装设备的静态精度要定期校核，特别是压装工装的同心度，可在工装上夹紧标准棒，测量标准棒的上母线跳动值，跳动值要小于 0.01/100mm。

（3）目前，大部分水泵叶轮采用 PPS+ 钢衬套结构，衬套材料常见为 #10、#20 钢，其表面硬度远小于轴承芯轴表面硬度，而衬套与芯轴之间为过盈配合，过盈量约 0.015 ～ 0.045mm。因此，在压装叶轮的过程，衬套内孔壁会被轴承芯轴强制挤出细小金属粉末，它会影响水泵整体清洁度，一般会对该部位进行气枪吹屑或吸尘设备吸屑作业。

（4）压装时，压头工装的直径应稍小于衬套内径，但要确保间隙活动量的情况下，工装仍能保证压到衬套而不是 PPS 塑料上，即如图 4.1-10 所示：

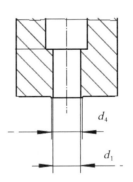

图4.1-10　叶轮压头工装简图

叶轮衬套外径 $d_2$，内径 $d_3$，压头工装的 $d_1 < d_2$，$d_1 > d_3$，$d_4 < d_3$。例如：$d_1 = 13.5$；$d_2 = 14$；$d_3 = 12.5$。

叶轮属于异形零件，对叶轮高度进行测量，一般都采用专用检具进行，其原理为对比测量。先用标准块校准百分表，表盘清零，然后装上水泵，手转轴承带动叶轮旋转，旋1周，读取百分表最大读数与标准块对比，得叶轮压装高度，检具示意图如图4.1-11所示：

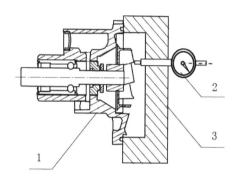

图4.1-11　叶轮高度测量检具示意图

1.带叶轮水泵　2.百分表　3.检具本体

压皮带轮：

以泵体上两个定位孔为固定基准，以泵体涡室端面为定位面，对轴承芯轴以辅助支撑，全部压装力作用于轴承芯轴。压装原理如图4.1-12所示：

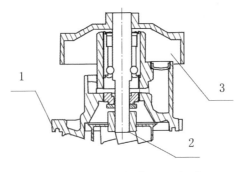

图4.1-12　压皮带轮示意图

1.泵体端面定位面　2.芯轴轴端辅助支撑　3.皮带轮

皮带轮压装工序，因此需要特别注意如下几点：

（1）辅助支撑的弹簧力必须大于皮带轮压装力，但不能过大，要求工装在保证轴承轴轴端面的辅助支撑顶起时，轴承芯轴的轴向变化量≤1/3轴向游隙，在压皮带轮的过程中施加压力导致辅助支撑往下产生运动趋势，但轴向变化量≤1/3轴向游隙，防止因为生产过程中设备的轴向窜动，引起轴承内的滚球与沟道异常接触，产生损伤。

（2）压装设备的静态精度要定期校核，特别是压装工装的同心度，可在工装上夹紧标准棒，测量标准棒的上母线跳动值，跳动值要小于0.01/100mm。

装密封圈或涂密封胶：

泵体靠涡室端面需要装密封圈或者涂胶，以使水泵与对手件结合面保持密封，无泄漏。水泵密封圈有两种：

（1）径向密封；（2）端面密封。

端面密封有密封圈、涂硅胶两种方式。除涂硅胶外，不论采用何种方式制作密封圈，综合成本、性能考虑，一般都采用 EPDM 材质，极少部分密封圈采用氟橡胶材质。端面密封的密封圈的端面结构形式常见有如图 4.1-13 所示三种：

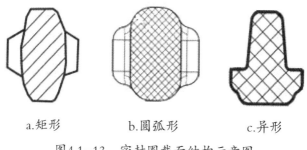

a.矩形　　　　b.圆弧形　　　　c.异形

图4.1-13　密封圈截面结构示意图

图 a 的密封圈凸点为方形，剖面线的主体部分上、下端为平面。图 b 的密封圈凸点为圆弧状，剖面线的主体部分上、下端为圆弧状。图 c 为倒 T 形结构，密封圈的下部分与泵体密封槽固定，上部分为承接密封作用，它较图 a、图 b 的压缩变形量较大，耐久性较好，是目前普遍使用的密封圈。不同结构及尺寸的密封圈的压缩变形量都有差别，上述三种形式的压缩量一般在 17% ～ 35% 之间。

密封圈凸点为固定密封在泵体凹槽上的作用，对凸点的布置有严格要求，凸点之间的间距一般为 7 ～ 10mm，过大的间距会导致密封圈安装在泵体上后翘起、脱落；过小的间距会影响密封圈的压缩变形量，影响密封性能。同时，在密封圈的转弯位置必须布置凸点，才能确保密封圈无松脱、翘起。凸点布置如图4.1-14所示：

图4.1-14　凸点布置示意图

1.转弯位置　2.凸点间距

密封槽都有固定的宽度、高度及圆角要求，如图4.1-15所示：

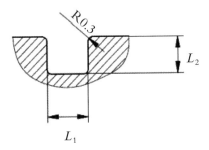

图4.1-15　密封槽示意图

$L_1$：宽度　$L_2$：高度

密封槽尺寸一般都采用企业内标准尺寸，如2.5mm、3mm等尺寸。一般有如下规格，在新产品开发阶段根据布置空间进行选择：

| 宽度 mm ＼ 高度 mm | | $L_2$ | |
|---|---|---|---|
| | 2.5 | 2.5 | 3 |
| $L_1$ | 3 | 3 | 3.5 |
| | 3.5 | 3 | 3.5 |

对径向密封的密封圈，其结构为规律的圆圈，一般线径规格为2mm、2.5mm。内圈直径与泵体凹槽直径的过盈量约$0.05 \sim 0.10$mm，装配到泵体后，密封圈外径与对手件过盈量0.015mm左右。对密封圈、泵体凹槽要求与上述端面密封类似，不再赘述。

密封圈的安装，有3种方式，分别是：手工安装、工装导向安装、工装自动安装。具体采用何种安装方式需要结合水泵生产商的工艺选择。

（1）手工安装。

对正圆的径向密封圈、对形状复杂、拐弯圆弧多的难以实现自动化安装的异形端面密封圈，通常都采用手工安装。它的优点有：不需要投入硬件、手工快速装配；缺点：手工装配的一致性较差，存在密封圈未安装到位、漏安装等不良发生。安装时，戴手套，除油污，避免粘有油污，因为EPDM材料的密封圈不耐油，黏附油污，存放一段时间后密封圈会膨大、弹性降低，造成密封圈松脱。将水泵固定，密封槽朝有利于安装作业的方向，如上方或者侧方，手工装密封圈到规定位置后，确定已经固定好密封圈，采用打点标识的方法在密封圈位置划线。

（2）工装导向安装。

对正圆的径向密封的泵体，径向密封结构在槽部会有过渡 R 角，如图 4.1-16 所示：

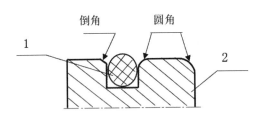

图4.1-16　槽部放大图

1.径向密封圈　2.槽部

为防止装密封圈时被泵体凹槽锐边尖角割破密封圈，在安装密封圈的过程中，一般涂抹约 5% 浓度的肥皂水润滑，同时，配备导向工装进行导向安装，往凹槽处推密封圈，使密封圈快速滑入凹槽内。

手工安装须将密封圈拉大套入凹槽，拉大的尺寸依靠人手控制，但过度拉大会破坏密封圈的弹性，导致密封圈外圆尺寸大，在凹槽内晃动，装配水泵到发动机对手件（缸体 / 支架）上容易咬边，如图 4.1-17 所示：

图4.1-17　密封圈咬边图

采用工装导向，可以避免这种问题。导向工装，手握方便，作业空间较直接手装大，装配密封圈的速度、效率会提升。另外，肥皂水涂抹在导向工装表面，比涂在凹槽位置上，密封圈更容易黏附肥皂水进行润滑装配，有利于保证品质。

缺点有以下两点：

①安装时，水泵叶轮朝上，导向工装有磕碰伤叶轮的风险。

②水泵需要固定好，如果有晃动，密封圈则无法安装。

工装导向原理如图 4.1-18 所示：

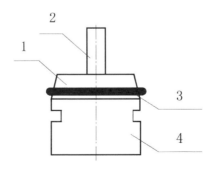

图4.1-18　密封圈导向工装原理简图

1.导向块　2.手柄　3.密封圈　4.待装配零件

（3）工装自动安装。

对异形密封圈，在水泵泵体凹槽上安装，除了手工安装，目前，部分水泵生产商为了保证品质的一致性，投入设备，采用工装自动安装的方式进行生产。这种方式适用于密封圈异形不太复杂的安装，对转弯圆弧超过 5 处的密封圈一般不适用，其形式结构多样，但它们的工作原理大同小异。例1，某密封圈安装原理如图 4.1-19 所示。将水泵安装在固定位置，采用泵体定位销孔定位，定位销结构分 2 种，分别是一个圆销一个菱销，给水泵泵体靠带轮侧端面施加力 $F$，此时，水泵总成整体往下运动，水泵密封圈凹槽附近的泵体端面与活动块接触，力 $F$ 及水泵自身重力 $F'$ 之和大于活动块弹簧力 $F_弹$，活动块往下，直到水泵泵体凹槽位置的端面与固定板密封圈端面位置接触为止，此时，密封圈已插入泵体凹槽，密封圈装配完成。

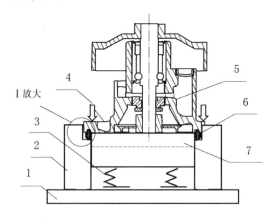

图4.1-19　密封圈自动安装原理简图

1.支座　2.固定工装　3.弹簧

4.压装力F　5.水泵　6.密封圈　7.活动滑块

工作中自动安装对工装尺寸精度，工装设计要求较高，必须注意如下几点要求：

①密封圈必须反放在工装凹槽位置，密封圈靠内径与活动块的最小过盈量尺寸固定，固定板不能与密封圈有过多接触。

②固定板凹槽凸起尺寸严格控制，凸起尺寸过大，会导致密封圈插入泵体凹槽尺寸不足，导致密封圈安装不到位。凸起量要求 $L$ 如图 4.1-20 所示，$L$ 一般为 0.5 ～ 1mm。

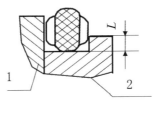

图4.1-20　L放大图

1.固定工装　2.活动滑块

例 2，与例 1 安装要求类似，不同之处为水泵不动，工装上下活动以实现密封圈的装配。双手按下手柄，给手柄力 $F$，楔形滑块往下，密封圈滑动块被楔形滑块推动往上，当密封圈插入水泵泵体凹槽时，楔形滑块无法继续往下运动，即装配密封圈完成。原理图如图 4.1-21 所示：

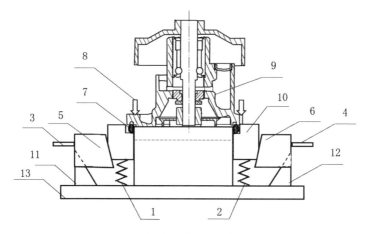

图4.1-21　密封圈自动安装原理简图

1.弹簧1　2.弹簧2　3.手柄1　4.手柄2
5.楔形滑块1　6.楔形滑块2　7.密封圈　8.固定夹紧力F　9.水泵
10.密封圈滑块　11.底部楔形滑块1　12.底部楔形滑块2　13.基座

涂胶：

　　部分水泵密封凹槽形状异形严重，多处圆弧转弯，无法采用径向密封圈、端面密封圈，或者采用端面密封圈的制作难度大，模具形状复杂，品质把握控制有较大难度，此时会考虑采用涂液体硅胶（LSR）的方式代替密封圈。常见的液体硅胶有道康宁9445等型号硅胶。硅胶是一种高活性吸附材料，主要成分为二氧化硅，弹性好，密封性好，化学稳定性好，热稳定性好。但涂硅胶需要投入专用涂胶机，制作工装，成本较密封圈略高一些。

　　将水泵泵体放置在涂胶设备工装上固定，放置要求为密封圈凹槽朝上，面对涂胶设备的涂胶喷头，预先设定涂胶参数，如速度、胶量，启动设备，涂胶完成。采用在凹槽涂硅胶的方式，对涂胶尺寸有要求，必须要严格控制涂胶速度，涂胶出胶量，一般要求胶硬化后凸起量＞0.4mm，如图4.1-22所示：

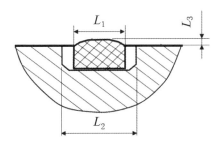

图4.1-22　涂胶密封圈尺寸图

$L_1$ 的宽度公差 ±0.2mm 为宜，$L_2-L_1$=0.2-0.4mm，$L_3$ 控制在 0.4 ～ 0.6mm 为宜。涂胶注意事项如下：

①泵体凹槽必须保证零件清洁无异物，特别是水、油污不得残留。

②涂胶后，在履带式加热炉烘干 1h ～ 2h，履带式烘干受热均匀，硅胶凝固时间一致性好。

③ 涂胶硬化后，采用剥离方式测量胶的黏附力，确保密封效果。

密封性校验：

水泵总成完成装配后，因水封自身密封结构存在固有泄漏量，因此，需要对水泵 100% 密封性校验，采用常温条件下充气测量泄漏量的方式进行。一般水泵图纸会有明确的泄漏值标准，如 140kPa 空气压力下，保压 5s，空气泄漏量 ≤ 6mL/min。

校验试验设备由测量工装、泄漏仪组成。常见泄漏仪有日本 COSMO、法国 ATEQ 等品牌，气密性校验通常采用压差法进行，其原理如图 4.1-23 所示：

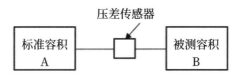

图4.1-23　密封性测量原理图

往试漏仪充一定压力的干燥空气，使得标准容积 A 腔、被测容积 B 腔都充满气。待充气完成，一般需要约 5 ~ 10s，关闭充气阀门。密闭的容器如果发生泄漏，必然造成容器内气体质量的流失，使压力减小。因泄漏产生的压力降近似与时间成正比关系，此时，在一定时间内差压的变化值被读出，通过下面计算公式[①]：

$$Q_L = \Delta P \times [V_t + \Delta V/\Delta P \, (1 + V_t/V_R) \, P_t] / (Pa \times t)$$

$Q_L$：气体泄漏量，单位是 mL/s；

$\Delta P$：差压变化量，单位是 Pa；

① 李党育，胡延毅，党晓军. 差压法气密性监察工艺参数的确定[J]. 液压气动与密封，2014（7）.

$Pa$：大气压力，单位是 Pa；

$t$：产生差压 $\triangle P$ 相对应的测试时间，单位是 s；

$\triangle V/\triangle P$：差压传感器系数，mL/Pa；

$V_R$：标准容器容积，单位是 mL；

$V_t$：被测工件容积，单位是 mL；

$P_t$：测试压力，单位是 Pa；

计算得出空气泄漏值即为所求值，待测量完成后，A 腔、B 腔的剩余气体通过气阀排到大气里，完成泄漏量测量。[①]整个检测过程为：充气→平衡→检测→排气。

因水泵总成的泄漏量主要取决于水封，一般水封泄漏值要求 140kPa 条件下，常温，空气泄漏 ≤ 6mL/min。绝大多数水泵生产商采用静态法测水泵总成泄漏量，个别对品质要求苛刻的生产商，为了更加接近于水泵水封的运行状态，采用动态测量法，即水泵在慢转速转动下测量泄漏量，转速为 30 转 /min。转速如果过快，会在 B 腔腔内体积被频繁波动影响泄漏值的压差读取，同时，因为水封处于干摩擦状态旋转，不得因转速过快导致异常磨损，影响水封性能。另外，动态测试法通常同步测量皮带轮的转动扭矩也不允许转速过快。

气密测试通过的零件，一般设备会在水泵泵体上打刻标识点，以备相关追溯之用。密封性校验需要注意如下几点：

---

① 李党育, 胡延毅, 党晓军. 差压法气密性监察工艺参数的确定 [J]. 液压气动与密封，2014（07）.

（1）设备必须制作标准样件，标准件要求有以下几种：合格件1件、超差件1件、接近极限泄漏值1件、大漏1件。这几种标准件喷不同颜色以便区分管理及必要的防锈处理。

（2）每班开机，必须校准试漏仪的准确性，并做好相关记录。

（3）定期检查各管接头、密封堵头等容易磨损零件，及时周期性更换。

包装出库：

完成上述工序后，最后到包装出库，要求包装箱清洁，作业人员穿戴不掉毛的手套，目视检查外观合格后进行包装。目视检查项目主要有如下方面：

（1）整体：无生锈、裂纹等。

（2）正面部位：无漏装皮带轮，生产批次信息清晰可见。

（3）侧面部位：皮带轮无磕碰伤、划伤、表面无划痕导致露白、无电镀或电泳等化学处理的凸起等异常，气密测试合格件打点标记清晰可见。

（4）泵体安装侧（涡室侧）：密封圈无漏装、密封圈无翘起、松脱等；叶轮无漏装，叶轮叶片无磕碰伤、断裂等；安装大平面（与对手件接触平面）无磕碰伤导致的缺肉、凸起、伤痕等。分模线无飞边、毛刺、缺肉等。

完成外观确认后开始进行包装，包装要求注意如下几点：

（1）包装箱强度足够，比如采用塑料规格箱、铁笼等，如果采用纸质包装箱，内部4个角需要考虑增加支撑板，增加强度。

（2）包装箱内放置塑料袋以确保零件无生锈。塑料规格箱要带防尘帘。

（3）水泵可采用侧放、正面朝上的方式放置。不论何种方式，都要制作内材固定水泵，目前，最多采用仿形吸塑板固定水泵。侧放水泵，可以较好保护叶轮，正面朝上放置，叶轮与包装箱的距离大于 50mm 为宜，防止叉车搬运包装箱是，叉臂碰到叶轮造成水泵损坏。

（4）水泵泵体长时间与内材吸塑板等固定板接触、摩擦，内材会磨损，形成细小磨损异物，包装内材要定期清理、更换。

上述是常见的水泵装配工艺，极少数水泵生产商采用工序集中的装配工艺。它能有效节省设备平面空间的布局，充分利用空间立体、设备紧凑、生产效率高的优点，但缺点明显：设备夹具结构较复杂，它将水封与轴承、叶轮与皮带轮采用工艺集中，一个工序分别完成 2 个子件的压装，压轴承、水封的原理如图 4.1-24 所示：

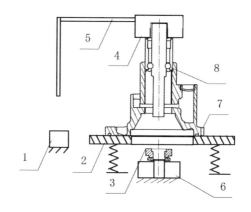

图4.1-24 单工压轴承水封原理图

1.到位座 2.压装支撑板 3.水封
4.压头（弹簧+液压缸） 5.到位检测杆 6.水封固定柱 7.泵体 8.轴承

由上结构图可知，它由带弹簧回弹的液压缸压头、到位检测杆、压装支撑板、水封固定柱等部分组成，压装支撑板带弹簧回弹功能，还有保持同心度要求的导向杆。压装时，压头在液压缸推力 $F$ 的作用下压装轴承，同时使得轴承、泵体、压装支撑板受力，整体往下移动，到水封位置，直接压装上水封。压装过程说明如下：

（1）将水封放置在水封固定柱，以水封压装端面、内孔定位；将轴承放置在压装上滑块，以轴承外圈为轴向定位、以外圈靠皮带轮侧端面为端面定位，上滑块内孔侧面有弹簧销夹紧装置，当轴承套入内孔时被弹簧销夹紧，轴承芯轴与压装上滑块不能有接触，必须悬空，防止轴承芯轴受力。如下为某型号装夹轴承的结构示意图，如图 4.1-25 所示。

（2）将泵体放置在压装支撑板，支撑板上有2个定位销，一个为圆柱销，一个为菱形销，泵体采用以定位孔、涡室侧大平面为定位基准，压紧泵体；此工装需要将压装支撑板与轴承上滑块轴心线保持较好同心度，要求同心度为0.05/100mm，并需要定期采用标准芯棒校准同心度。

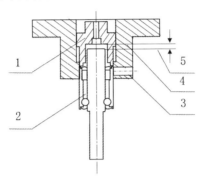

图4.1-25　轴承夹紧结构图

1.上滑块　2.轴承　3.弹簧销夹紧装置　4.夹紧支撑　5.间隙

（3）启动设备，轴承在压头的液压力作用下开始压入泵体内孔，轴承压入量约5～10mm时，在水封固定柱上的水封被压装到泵孔，与轴承同步压入泵体内孔。

（4）当到位检测杆到位后，行程开关发出信号，上压头及水封压装支撑板回位。压装工序完成。

压装完毕后，需要对水封压装高度、水封端面跳动进行确认，测量检具、测量方法与前章节压水封工艺相同。对轴承压装高度、压装泵体内孔拉伤确认与前章节压轴承工艺相同。

单工序压叶轮、皮带轮的原理如图4.1-26所示。从图可知，它由带弹簧回弹的液压缸压头、到位检测杆、压装支撑板、叶轮固定板等部分组成，压装支撑板带弹簧回弹功能，同时还有保持同心度要求的导向杆。叶轮固定板具有微量活动、弹性回弹功能，固定板的内芯轴下部分为安装叶轮之用，顶部与轴承芯轴接触。压装时，液压缸施加压力 $F$，压装开始，使得皮带轮、泵体、压装支撑板受力，整体往下移动，同时，皮带轮被压入轴承，到叶轮位置后，叶轮被压装。如图 4.1−26 所示。压装过程说明如下：

（1）将水泵叶轮放在叶轮固定板，叶轮以衬套内孔、衬套端面定位，皮带轮放置在上压头，压头内孔端面带磁性，吸住皮带轮，或者采用压头内孔侧面带弹簧销夹紧装置固定皮带轮。

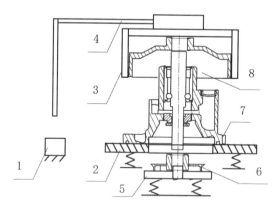

图4.1−26　单工序压装皮带轮叶轮简图

1.到位座　3.压装支撑板　3.压头（弹簧+液压缸）
4.到位检测杆　5.叶轮固定板　6.叶轮　7.泵体　8.皮带轮

（2）将泵体放置在压装支撑板，支撑板上有2个定位销，一个为圆柱销，一个为菱形销，泵体采用以定位孔、涡室侧大平面为定位基准，压紧泵体；此工装需要将压装支撑板与轴承上滑块轴心线保持较好同心度，但同心度要求较压水封、轴承的低，一般要求同心度为0.08/100mm。

（3）启动设备，皮带轮在压头液压力 $F$ 作用下开始压入轴承芯轴，此时叶轮固定板内芯轴支撑轴承芯轴，防止轴承受力；同时，叶轮固定板往上抬起叶轮，使之压装到轴承芯轴。

（4）到位后，行程开关发出信号，压头、固定板回弹归位，压装完成。

此工序的关键在于叶轮固定板，它既要固定叶轮、抬起叶轮往上压装，又要使得内轴端面与水泵轴承芯轴端面接触，支撑轴承芯轴，防止轴承受力导致受损。

针对皮带轮压装、叶轮压装的相关品质确认与前章节单独工序压皮带轮、压叶轮的要求相同。

水泵装配完成后，一般会定期进行性能确认，每批或者每月需定期抽查水泵总成，进行性能确认。主要内容为额定工况点性能测试、气蚀性能测试。

额定性能抽检：

将水泵正确安装在水泵性能试验台，按工况点要求，将性能试验冷却液温度控制在规定范围，如 $80 \pm 2℃$，温度稳定后，调节水泵出水管道的阀门至100%开度，将水泵转速调到额定转速，调节水泵出水管道阀门，使水泵流量为额定流量，此时测量水泵扬程，确认是否满足图纸要求。额定性能抽检及气蚀性能试验详细见水泵总成单品试验章节。

## 4.2拆解水泵步骤

当需要调查水泵子件，如轴承损坏、轴承异响、水封漏水、水封异响，需要拆解水泵，要按照一定流程步骤进行：

（1）准备好液压机、拉马、手锯及拆水泵的专用工具。

（2）先拆皮带轮，采用拉马勾紧皮带轮，拉马中心顶杆顶在轴承芯轴，防止轴承外圈受力并拔出皮带轮。皮带轮拔出力一般＞10kN，拉马需要有足够的强度。

如果不用拉马，可采用手动液压机进行，先按图4.2-1所示方式夹紧：

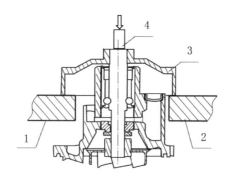

图4.2-1　取皮带轮工装夹紧简图

1.拔出工具块1　2.拔出工具块2　3.皮带轮　4.顶出液压力$F$

加力后液压杆伸长，顶紧轴承芯轴，皮带轮在拔出工具的作用下被强制取出。

拆叶轮，部分叶轮与泵体的间隙 ≥ 8mm，可采用类似皮带轮拔出方式，部分叶轮与涡室间隙小，无法插入拔出工具块，可以锯掉干涉的泵体，夹紧原理如图 4.2-2 所示：

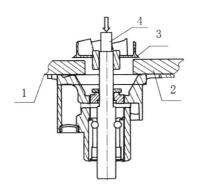

图4.2-2　取叶轮工装夹紧简图

1.拔出工具块1　2.拔出工具块2　3.叶轮　4.顶出液压力$F$

在液压机上，拔出工具插入叶轮与泵体涡室间隙处，加力液压杆伸长顶紧轴承芯轴，强制取出叶轮。

部分水泵的叶轮与泵体涡室的间隙过小，拔出工具无法伸入，则可以采用手锯，将叶轮与轴承芯轴接触面直接锯开，把叶轮取出。

（1）锯开泵体，取出水封、轴承。

（2）压出水封，常见为液压机压出。其工作原理与压皮带轮、压叶轮类似，如图 4.2-3 所示：

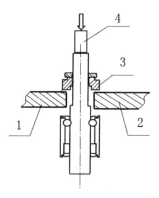

图4.2-3 取水封工装夹紧简图

1.拔出工具块1 2.拔出工具块2 3.水封 4.顶出液压力 $F$

（3）在水封背面插入拔出工具，液压顶杆压在轴承芯轴上，施加压力 $F$ 在轴承芯轴上，水封背面受力，强制取出。为了避免取出水封的过程导致水封变形，可以在轴承芯轴切割一小平面，减少水封与轴承芯轴接触阻力，如图 4.2-4：

图4.2-4 轴承芯轴切割小平面简图

# 第5章　水泵常见不良分析

## 5.1不良件分析调查

水泵总成在车辆使用过程中，偶有不良出现，主要表现为漏水、异响、卡滞、失效等。卡滞、失效能直接明确为水泵问题，需要解剖水泵，重点调查水泵轴承、水封及车辆的水系统设计等：

（1）调查水封、轴承的耐高温特性，是否满足设计要求。

（2）实测车辆各种工况条件下的水温，是否与理论设计相同。

（3）车辆使用的防冻液是否与水封兼容。

（4）车辆实际工况条件下的水泵皮带张力，是否与理论设计相同。

（5）水泵的排气孔、排水孔等设计位置是否合理，如，排气孔在车辆装配位置的最高点，排水孔在车辆装配位置的最低点。

（6）轴承生产环节排查，是否有异常变化点不满足要求导致卡滞、失效。

排查上述相关问题点，如果无异常，那么水泵卡滞、失效的不良较大可能是漏水引起。按照下述漏水不良的调查要求进行。

针对漏水、异响这 2 类不良件，常见的做法，是使不良件在发动机或者车辆上进行故障再现确认，能故障再现的不良件，一般都需要对实物进行相关调查，如总成尺寸、水泵反向充气、解剖水泵确认相关子件等。对无法故障再现的不良投诉，如异响投诉，需要定期追踪，防范于未然。

## 5.2 漏水不良分析调查要点

（1）确认不良相关信息，如车辆行驶公里数，故障水泵地区分布情况、车辆过往故障情况、水泵生产批次、车辆生产批次、水泵的变化点履历实施时间等；

（2）确认不良件的外观状态，漏点位置，漏点周围防冻液结晶情况，如果漏点处有结晶物，收集备用分析；

（3）确认密封圈、密封胶是否有破损、松脱等异常；EPDM 材质密封圈可拆下密封圈，确认密封凹槽铸造生产是否有异常凸起、凹陷、气孔、缩松、黏附异物等情况，密封圈本体是否有开裂、压装不连续等情况；

（4）在台架、发动机或者车辆上试装不良件，进行漏点故障再现验证：

①把不良件装在水泵台架上，按照水泵出厂前的额定工况条件进行性能试验，运行过程中确认漏点情况；

②把不良件装发动机台架，按照主机厂发动机过高速工况运行 1h，确认漏点情况；

③把不良件装在车辆中，按照市区低速、市郊高速等车速运行 4h，确认漏点情况。

（5）拆下不良件，返回水泵装配线进行总成气密性测试，通过泄漏量值来判断是否异常泄漏。因水封自身允许气密泄漏量值为 6mL/min，只有超过水封自身泄漏值才能判断为异常泄漏，对水封气密泄漏值在规格范围内应该归类为误判异常泄漏；

（6）测量水泵各相关尺寸，如皮带轮压装高度、跳动，叶轮压装高度、跳动等；

（7）拆皮带轮、叶轮；测量轴承压装高度、水封压装高度。此状态下，部分漏水较严重的可以确认漏水点的留痕走向，以此确认漏水发生位置。

（8）从泵体的排水孔或者排气孔通气，对水封进行反向充气，确认涡室端的水是否冒泡，如图 5.2-1 为反向充气冒泡：

图5.2-1　反向充气冒泡泄漏测试

采用反向充气的方法，测量水封泄漏量，也可以判断水封是否异常漏水。将泵体上的排水孔用密封胶封堵，确保无泄漏，在排气孔上接上充气管，对水封通气，气压值比正向充气时气密测试压力略微小，如，充气100～120kPa，测量水封漏气量是否异常，以此来判断是否异常漏水。如图5.2-2所示：

图5.2-2　反向充气气密测漏

（9）拆解水封，确认水封静环、动环密封面是否异常、粗糙度等，测量项目如下表：

| 调查项目 | | 判断标准 |
|---|---|---|
| 组装荷重 | 自由状态时 | 图纸规格 |
| | 安装高度时 | 图纸规格 |
| 动环密封面粗糙度 | Ra | 图纸规格 |
| | Rp | 图纸规格 |
| 静环密封面粗糙度 | Ra | 图纸规格 |
| 平坦度（HLB） | 动环密封面 | 图纸规格 |
| | 静环密封面 | 图纸规格 |
| 磨损量（μm） | 动环密封面 | 图纸规格 |
| | 静环密封面 | 图纸规格 |
| 磨损堆积高度（μm） | 动环密封面 | 图纸规格 |
| | 静环密封面 | 图纸规格 |
| 橡胶硬度 | 垫圈 | 40-90RHD |
| | 波纹管 | 45-80RHD |
| 橡胶劣化 | 垫圈 | 无劣化 |
| | 波纹管 | 无劣化 |
| 动环外观 | | 无密封性能不良 |
| 静环外观 | | 无密封性能不良 |

同时，采用150倍倍率的放大镜对静环密封面、动环密封面磨损情况进行确认。如图5.2-3所示：

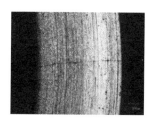

　　　　　b.静环密封面

图5.2-3　动环、静环放大镜观察

（10）密封圈确认。对 EPDM 材质密封圈测硬度，判断密封圈是否老化；测量宽度、高度等相关尺寸，判断尺寸是否变化。对涂硅胶材质密封圈，重点目视判断有松脱、撕裂等情况。对密封圈采用涂蓝丹、红丹压印试验，确认水泵装配到对手件之后，密封圈的压装位置无悬空、压装宽度足够、密封线连续无间断。

通过上述相关调查，基本可以锁定水泵漏水发生的原因。水泵漏水常见原因有：

①EPDM 密封圈 / 硅胶密封圈失效、破损、垫异物等，导致密封线不完整。

②密封圈压装后有悬空或部分悬空、压装密封线宽度不足，导致密封线异常。

③密封圈压装后，因泵体铸造的平面度不好（如铸造拉模、冲切浇道时平面度不良）导致密封圈在泵体凹陷变形位置出现密封线不连续。

④水封的正常泄漏被误判为异常漏水。从上一章节相关

内容可知，水封自身的结构决定了存在一定的泄漏量，对空气的泄漏量一般为 6mL/min；水泵在运转工作过程中，水系统的压力比大气压大，水系统的水蒸气有往连接大气缝隙处逃逸的倾向，而水封无法阻止水蒸气穿过动环与静环密封面，水蒸气从水封内侧渗透到外界，通过排水孔流出泵体，水蒸气会发生遇冷变成液态水珠，附着在泵体排水孔，当附着的液态水珠足够大时，容易被误判为水泵异常漏水。这在故障再现试验中无法再现，并且泄漏的水形成的防冻液结晶痕比较少，较好区分识别。

⑤水封压装过程导致异常漏水，具体可见上章节水封压装工序关于压装高度控制、防止漏水的相关说明。

⑥水封自身原因：

a. 水封制造尺寸、密封面粗糙度等精度不良。

b. 水封子件，如 SiC、石墨、波纹管等不良。

c. 水封耐温不足，水封运行环境恶劣，极限水温过高。如车辆长时间低速重载爬坡、部分车辆在发动机熄火之后，因车辆无冷却风扇延时功能或者延时功能设置不合理，熄火后，车辆的机仓温度无法排出，热平衡作用下，发动机内部水温无法通过热交换降低，同时，发动机内的温度通过缸体、缸盖等水道传导热量引起水温瞬间急剧增温，极端情况下，会超过水封本身耐热温度，长期处于超高温度环境下运行的水封会出现功能失效。

d. 水封运行工作时，出现干 / 湿摩擦。正常情况的水封在任何工作时间都完全浸泡在发动机防冻液之中。但在某些转速工况下，由于部分水路设计缺陷，水泵在水封位置会出现间断性气泡，水封密封面时而处于浸泡之中的湿摩擦，时而处于气泡围绕之中的干摩擦，水封位置出现干／湿摩擦现象。在这种状态下工作，水封会出现异常升温，水封的波纹管、橡胶等快速老化引起异常漏水，严重时会导致动环、静环高温开裂发生大量漏水；

e. 水封动环、静环密封面被异物侵入。水泵运行工作中，水系统内的管路转弯位置容易产生气泡或者空穴，发动机防冻液在此位置因为高温蒸发形成小颗粒的防冻液结晶物，它在某些情况下会随水系统的防冻液一起流动，流到水封附近位置时，结晶物在动环、静环运动过程中会渗入到密封面之中，此时，动环、静环形成临时性的张开、泄漏量增大，对液体的水也无法密封，水泵出现异常漏水。水泵继续运行，动环、静环运动时，在环外缘位置会因受力变化出现细小缝隙，部分结晶物因为硬度大、颗粒小会渗入到外缘缝隙，在多次运动过程中被带到环中央直至嵌入到碳环，继续运转时，碳环被磨平，校正之前的临时性的张开，异常漏水消失。首先此种故障通常为间歇性漏水，不良件装复无法再现异常漏水；其次，在结晶物渗入水封密封面时，出现上述的临时性异常漏水，水封高速运转，异物被旋转的水流带出密封面，此时，水泵异常漏水消失。首先此种故障通常也为间歇性漏水，不良件装复几乎无再现。结晶物渗入密封面，导致动环、静环张开，形成漏水，结晶物长时间处于密封面内，造成水封漏水故障，此种故障在不良件装复的再现试验中能再现水泵异常漏水。

## 5.3异响不良调查分析

水泵的异响，主要有水封异响、轴承异响。其中，水封异响详见水封章节说明。目前就轴承异响不良的相关调查过程说明如下：

（1）取得不良件，同时获得不良件的相关信息，如车型、发动机型号、生产时间、销售时间、故障日期、行驶里程、故障发生地域、水泵生产时间等信息，以备后续统计分析。对有地域、时间、公里数集中性的案例需要重点调查。

（2）不良发生的状况。零件不良发生时的状态，如车辆水箱是否泄漏、异响声音是尖锐还是深沉、车辆是否有报警故障码、车辆低速还是高速行驶、车辆载重情况、车辆使用频率等详细情况。

（3）因属轴承异响，一般水泵已经明显异常，通常不再上台架、发动机或车辆等进行故障再现，防止水泵损坏引起台架等设备因试验而损坏。取不良水泵，详细调查各项，具体内容可参照如下项目进行：

| 项目 | 内容 |
|---|---|
| 外观调查 | 泵体是否发生变形、打痕等外力原因伤害 |
| | 皮带轮上与皮带轮摩擦部相比是否偏大、异常 |
| | 涡室内是否生锈、腐蚀等 |
| | 引擎侧与泵体密封圈、密封面是否发现冷却水的泄漏痕迹 |
| | 排气孔、排水孔是否发现冷却水的渗漏痕迹 |
| | 手转动轴承，现状态是否有卡滞、晃动等异常 |
| 气密耐压测试 | 测量泄漏量是否异常 |
| 各尺寸测量 | 皮带轮跳动、皮带轮安装高度确认 |
| | 叶轮高度确认 |
| | 轴承选择扭矩确认 |
| 分解水泵总成 | 按上述要求分解，并分别测量轴承压装高度，水封压装高度 |

因轴承与水封位置临近，轴承异响可能有多种原因，包括水封原因导致轴承异响。因此，也要对水封进行分析，拆解，水封确认如下项目：

| 项目名称 | 标准 |
|---|---|
| 碳环 | 滑动面是否粗糙 |
| 陶瓷环（SiC） | 滑动面是否粗糙 |
| 轴套 | 内部磨损情况是否断裂 |
| 碳环粗糙度 | 实测是否符合规格要求 |
| 陶瓷环（SiC）粗糙度 | 实测是否符合规格要求 |

拆解调查水封，主要是要确认水封是否异常，如异常漏水，可能引发轴承运行异响；同时，充分把握水封情况，能

对轴承异响进行必要的反推，例如下述轴承进水引起轴承异响。

在进行轴承拆解之前，进行详细调查以掌握如下相关信息：

| 轴承编号 | 轴承型号 | 轴承批次 | 返回状态 | 行驶公里数 | 返回原因 | 终端客户 |
|---|---|---|---|---|---|---|
| ×× | ××型 | ××× | 轴承单体 | ×××km | 异响 | ×× |

同时，对轴承总成进行如下调查：

（1）轴承外观状态：外圈、轴的两端面、外径面是否有锈蚀、伤痕等；

（2）轴承单体手感检查：手感转动是否异常，是否有卡滞、阻塞转动感；

（3）轴承异音或加速度检查：将轴承总成装上轴承异音检测仪，实测分贝值是否异常；或者将轴承总成装上加速度测量设备，实测轴承加速度是否异常；

（4）外径尺寸：实测尺寸；

（5）游隙确认：将轴承装上游隙测量检具台，分别测量径向游隙、轴向游隙。

完成上述项目确认之后，清洁轴承，准备拆解，确认轴承内部质量情况。主要确认油脂状况、内部显微镜观察、圆度及圆柱度测量。

①油脂状况。

确认残余量是否符合规格要求。残余油脂量太少，会造成润滑不足，轴承运转过程中，润滑油膜异常会出现异响。

取少量油脂，采用红外光谱可以确认油脂是否变质、油脂内是否含有冷却液成分、是否混入硬质异物等；先对轴承新油脂采用红外光谱测量，建立油脂标准图谱，如图5.3-1所示：

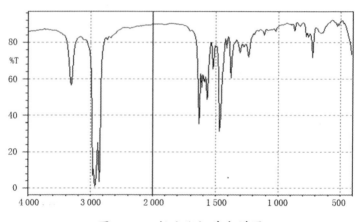

图5.3-1　新油脂红外光谱图

然后，对不良件油脂进行红外光谱测量，对比新油脂图谱及不良件油脂的图谱，确认曲线是否异常变化，以此来判断油脂是否变化。部分曲线对比新油脂会出现异常凸起、凹陷，这需要对比防冻液红外光谱测量结果。如果凸起、凹陷点与防冻液吻合，说明防冻液渗入到油脂。如图5.3-2所示：

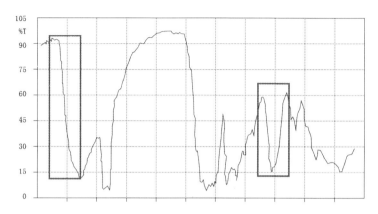

图5.3-2 防冻液侵入油脂红外光谱图

采用红外光谱分析法时，对曲线变化明显，除了防冻液及异物侵入，还可能是油脂变质，油脂成分完全改变导致。因此，红外光谱分析也可以作为油脂是否变质的一种科学判断方法。

对轻微变质，成分无明显变化，无法被红外光谱识别的，还可以对比新旧油脂的油温特性加以判断。取一定量的油脂，测量闪点；同时，将油脂置于测量设备中，温度设置在 $-30℃ \sim 160℃$ 之间，分别在 $40℃$、$100℃$ 温度环境中，测量油脂的粘度值。

例子：某型号轴承油脂，在 $40℃$ 温度下，油脂粘度为 $150 \sim 180mm^2/s$；在 $100℃$ 温度下，油脂粘度为 $16 \sim 20mm^2/s$。通过对比曲线判断油脂是否异常变质，如图 5.3-3 所示：

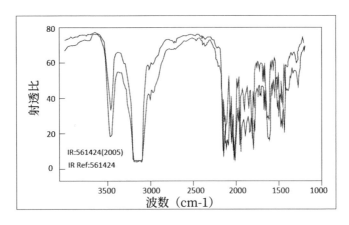

图5.3-3　油脂油温特性曲线

如果防冻液大量侵入油脂，油脂黏度就会下降；油脂变质，黏度会增加或者下降。油脂的油温特性曲线是个判断油脂是否变质的好方法。

部分防冻液侵入油脂，采用红外光谱、油温特性曲线都难以判断油脂状况，可以采用测量油脂含水量的方法来判断油脂是否有防冻液侵入。库仑法卡氏水分测定仪能对样品中低微量水分进行测定，设备精度高，但购置设备所产生的成本较大，一些专业测量机构会配备。使用该仪器测量样品中油脂的含水量，要取一标准空瓶，测量瓶内空气的含水量，然后将样本油脂放入测量瓶并对其封装，启动设备，测量探头先从标准空瓶封装胶口插入读数，然后测量探头插入测量瓶，此时读数为油脂的含水量，一般以 ppm 为单位。南方地区，梅雨季节空气含水量较多，此时油脂的含水量

< 10 000ppm 为正常；冬季空气较干燥，油脂的含水量＜ 2 000ppm 为正常。确认含水量是否异常，如果含水量测量值明显过大，可判断油脂中有冷却液；

②内部显微镜观察：一般分别在水泵装配位置分带轮侧、水封侧进行观察。分别对带轮侧、水封侧的外圈滚道面、芯轴沟道面及钢球表面用显微镜进行观察，确认是否有异常、损伤等。

③圆度、圆柱度测量：对带轮侧、水封侧的外圈滚道面、芯轴沟道面分别测量圆度、圆柱度，确认品质情况。

④热处理确认：对外圈、芯轴剖切，确认热处理后硬度、金相情况。

通过上述分解调查，一般能锁定水泵轴承异响的原因，常见的异响原因有如下几种。

①进水导致轴承运行异响。

从油脂红外光谱看是否混入冷却液，油脂含水量的实测值，可以判断是否进水，同时，结合滚道面及钢球表面状态是否锈蚀加以佐证。如图 5.3-4 所示为轴承锈蚀严重：

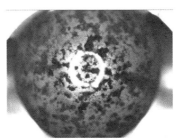

a.滚道面表面生锈　　　b.钢球表面生锈

图5.3-4　轴承内部伤痕图

冷却液侵入轴承内部，在侵入初期，冷却液含量较少，由于水分子表面张力等原因，会在油脂表面吸附，轴承继续运转，黏附水分子的油脂油膜总厚度不变，但去除水分子厚度的油膜实际变薄，过薄的油膜无法满足轴承工作要求，会引起润滑不良，轴承运行时出现异响。同时，随着时间增加，冷却液侵入量增大，会对油脂产生稀释作用，改变油脂的黏度，黏度下降，润滑油膜会变薄，出现润滑不良，轴承内部异常发热，热量无法及时散发。热量聚集会对油脂及 PA66 材质的塑料保持架产生加热作用，引起油脂变质，油膜恶化；保持架受热会产生变形，引起轴承游隙变大或者某个变形方向游隙大对应方向游隙小的游隙不均现象，导致轴承旋转运动异常，轴承异响。常见的冷却液一般是水和乙二醇混合物，它侵入轴承油脂，冷却液里面的水会随着轴承旋转运动与轴承的滚道面及钢球接触，长时间接触会使滚道表面和钢球表面生锈，导致工作时出现异响。冷却液长时间侵入，会对油脂产生冲刷效应，轴承内部体积空间固定，当有冷却液侵入，一部分会黏附在油脂中，一部分会占据轴承外圈滚道面最低点的凹槽位置，这会导致油脂的分布体积变大，油脂往轴承两端的防尘唇外溢，出现漏油脂现象。当外溢油脂超过一定量，会导致轴承内部润滑脂不足，造成润滑不良，异常发热，出现轴承运转中的异响。轴承内部防冻液侵入导致轴承异响，一般在芯轴、外圈沟道上能看到钢球接触的表面都发白亮状态，钢球接触的附近表面会有热量聚集导致的发黄。

②轴承受外力，导致点蚀剥落。

轴承内部沟道、滚球表面如果有出现下图的暗伤痕，或者钢球爬越挡肩伤痕，轴承长期运行，会在受力损伤点出现点蚀剥落。如图 5.3-5 所示：

 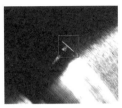 

　a.表面暗伤痕　　b.爬越挡肩沟道伤痕　c.爬越挡肩钢球伤痕

图5.3-5　轴承内部伤痕图

受外力作用，导致沟道表面、钢球表面受伤，伤口呈凹陷状，伤口周围附近会有小凸起，轴承运转时，小凸起位置油膜异常，游隙变小，运转时会有异常摩擦响声；同时，轴承运转时，长期受力，伤口位置容易出现点蚀剥落，剥落处理异物加剧轴承异响，剥落位置的状况会随时间增长不断恶化。

③轴承子件伤痕，导致点蚀剥落。

轴承的钢球、沟道在自身制造环节的质量问题，表面来料有伤痕，如图 5.3-6，因无法 100% 进行显微镜放大检查，钢球在光磨、抛光等环节可能会出现制造缺陷。目前，品质要求较好的钢球厂会增加 100% 光电检测，对有表面缺陷的钢球能自动识别；出现伤痕，表面会有小凸起、小毛刺、凹坑，轴承在高转速旋转时，有伤痕的零件会出现异响，严重时会导致轴承频繁受到冲击，产生疲劳点蚀。如图5.3-6所示，钢球、沟道质量问题：

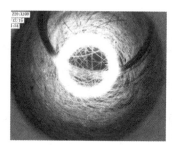 

a.钢球表面伤痕　　　　　b.沟道表面伤痕

图5.3-6　子件质量问题

④轴承所受负荷过大，导致异响。

轴承长时间在受力过大的状态下运行，很容易出现疲劳剥落。取故障件分解，从故障形态的剥落点位置剖切，确认剥落的裂源。如果在受力滚道面的次表面（即距离表面的下层位置约 $20\sim50\,\mu m$ 的位置）出现裂源，则为典型的轴承负荷过大导致剥落。受力过大，轴承受力面长期处于小游隙状态，滚道、钢球所受到表面压力大，就容易出现疲劳剥落，轴承运行时就会出现异响。

⑤轴承油脂泄露，出现运行异常，导致异响。

油脂异常变质，在运转过程中，漏油脂过多，造成润滑不良，运行时会出现异响。同时，部分水泵结构过于紧凑，水泵内部空间小，水泵皮带轮包裹了水泵绝大部分表面积，泵体上排气孔及排水孔正常排出的水蒸气被皮带轮包裹，形成几乎封闭式的腔体（只有皮带轮与泵体之间有防止干涉的缝隙），水泵未运转时，内腔与外界大气连通，内腔压力等于大气压；水泵运转时，皮带轮旋转，搅动内腔的空气和水蒸气，内腔压力呈现梯度分布，越靠近皮带轮，压力越小，越远离皮带轮，压力越大，内腔的空气和水蒸气混合物被吸到皮带轮表面（类似火车快速通过时，站在火车附近的人有被吸向火车的现象）并从皮带轮与泵体直接缝隙流走。此时，靠近轴承防尘唇周围的内腔压力会出现负压，轴承内部的油脂因为内外压力差会往压力小的负压腔流动或者有流动倾向，长期运行，油脂会被吸出轴承内部，轴承出现油脂溢出，溢出量过多时就会造成润滑不良，导致运行异常，轴承异响。负压区原理如图5.3-7所示：

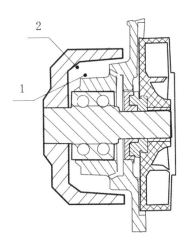

图5.3-7　负压腔油脂被吸出图示

1.远离皮带轮压力大　2.皮带轮表面压力小

⑥轴承制造环节清洁度控制不到位，导致运行异响。

从前面章节所介绍的轴承生产工艺流程可知，沟道研磨后需要清洗，但如果清洗不彻底，特别是研磨砂轮的砂粒清洗不干净，砂粒硬度硬、颗粒小，目视较难察觉，异物残留超规格要求，会导致油脂含杂质。可以从油脂的红外光谱分析或者放大镜观察确认油脂是否含有杂质。杂质会导致轴承运行过程异常，造成损伤、剥落，引起运行异响。通常对故障件的油脂，除了用设备分析观察之后，还可以采用手感确认，双手不能戴任何劳保用品，直接以皮肤接触油脂，用拇指、食指用力捏油脂，如果有硬质杂质可以通过手感发现。

⑦轴承子件热处理品质控制不到位。

轴承芯轴、外圈等均涉及热处理工艺，如果热处理质量把控不好，会出现金相异常、硬度异常，造成轴承运行时异常磨损，引起运行剥落、异响。可以对热处理切片进行热处理质量判断，一般采用切割机剖切，然后对切割断面进行抛光打磨，硝酸腐蚀等确认热处理层厚度，采用金相显微镜确认内部金相组织、硬度计测量表面硬度、芯部硬度等进行品质状况判断。

⑧轴承钢材有缺陷，长期运转后出现异响。

轴承使用的轴承钢（如 GCr15 等）的冶炼质量要求很高，需要严格控制硫、磷有害元素和非金属物质的含量和分布，有害元素及夹杂物含量越高，轴承寿命就越短。常见的缺陷有表面缺陷，如裂纹、缩孔、夹渣等。内部缺陷有夹杂物超标、元素含量超标，以及气孔、缩松及碳化物不均匀等。从轴承的剥落点观察是否有夹渣、气孔等原材料方面缺陷，必要时，可在剥落区域切片，测量试片碳化物分布、元素含量等参数，以判断材料是否有缺陷。如果材料缺陷，轴承运行就出现异常剥落，引起异响。

⑨轴承材料出现氢脆裂纹，引起剥落、异响。

外部氢元素（如异物、水侵入）及由油脂（碳化氢）产生氢元素，它侵入到轴承芯轴、外圈、钢球的钢材内部，而钢材在外部振动作用下发生滑移，出现新生面，由新生面在钢材内部产生高活性氢元素，氢元素的聚集形成白色组织形态，也称之为氢脆。轴承运行时，轴向力作用于滚球、外圈滚道面上，外圈滚道面受到挤压，当与氢脆引起的内应力叠加，便在此处逐渐产生裂纹，进而扩展，由内向外疲劳开裂[1]，而含碳量1%左右的滚动轴承钢对氢脆又有较大敏感性[2]。白色组织剥落的主要特征：

a. 远小于设计计算寿命。

b. 面压位置大滑移容易发生。

c. 腐蚀剥落部位的断面，光学显微镜可以看到白色组织，如图5.3-8。

---

① 邹龙江，陈玉海，汤敏.G20Cr2Ni4A轴承滚动体开裂失效分析[J].热处理技术与装备，2015，36（6）.

② 邹龙江，高路斯，王兰芳.GCr15SiMn钢轴承套圈磨削氢脆致断分析[J].金属热处理，2007（32）.

带轮侧外圈滚道面中央组织（500X）

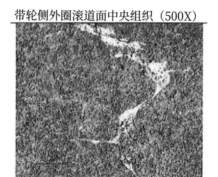

白色组织

图5.3-8 500倍放大观察白色组织图

白色组织产生的主要因素：

a. 水泵受冲击载荷、皮带张紧力过大，轴承承受面压过大。

b. 皮带与水泵之间产生静电，在新生面分解，产生氢元素。

c. 异物，特别是水侵入轴承内部，导致氢元素生成。

d. 急加速急减速，引起滑移。

e. 高速回转产生高温、高面压。

氢脆裂纹是对轴承钢材内部裂纹组织新的调查方向，近年来，在轴承厂分析轴承剥落调查中被广泛运用。特别是随着车辆智能化、电气化发展，如何防止因静电导致水泵出现氢脆是行业的新研究方向。水泵静电试验具体见下一章节的详细说明。

# 第6章　验证考核相关试验

　　总体原则：在开发、生产中必须使水泵零件符合国家法规技术要求，同时，符合汽车主机厂的技术规定要求，并要求获得相关零件的型式认证书。因此需要对水泵开展一系列的试验验证考核，针对水泵总成一般测试项目包括但不限于如下试验项目：

　　（1）性能试验。

　　（2）气蚀试验。

　　（3）可靠性试验。

　　（4）密封性试验。

　　（5）各子件的相关单品试验。

　　每项试验都应至少保证3件样品，采用统计学的方法保证所有可被测量的功能及耐久要求在50%置信度下达到90%的可靠性。样品的抽取，应符合如下要求：

　　（1）测试样品应当随机抽取。

　　（2）设计验证的样品可在达到设计状态的零件中抽取，

生产线正式量产验证的样品必须在达到量产状态的零件中抽取。

（3）对存在对称件的样品，原则上要求每个样品须进行抽检。若需申请使用对称件以减少产品数量，须与汽车主机厂沟通获得许可。

（4）样件应是经过检验合格的并能提供相应的检测记录、使用测试报告，以确保样件的正常功能。耐久测试中，不允许发生设计相关的失效。若发生设计相关的失效，必须进行设计变更及验证测试来解决失效。非设计相关的失效，应通过统计学的方法确保其不会重复发生。

## 6.1 水泵单品试验

对水泵的单品试验，必须包括对泵体、皮带轮、叶轮、密封圈、水封、轴承子件的单品试验验证。如下分别介绍各子件的单品试验。

### 6.1.1 泵体单品试验

泵体一般采用铝合金材质，针对铝合金材质的相关单品试验项目如下：

| 项目 | 标准 | 试验描述／条件 | 试验目的 |
|---|---|---|---|
| 化学成分 | 如 ADC12，参见国标或行业标准，如 JIS-H5302 | 光谱仪 | 验证原材料符合性 |
| 力学性能 | | 拉力机 | |

| 项目 | 标准 | 试验描述/条件 | 试验目的 |
|------|------|------|------|
| 压溃 | 将泵体置于专用工装，分别测试5件，汇总压溃曲线图；后续生产零件以此为标准，±20%压溃压力为合格 | 压力机 | 验证泵体压溃力情况，评估是否有风险 |
| 气密试漏 | 在0.3MPa气压下，无泄漏 | 测漏仪 | 验证泵体铸造品质是否有气孔等缺陷 |
| 清洁度 | 总质量≤1mg，最大颗粒≤500μm | 称重法放大镜 | 验证泵体生产线清洁度保证能力，以评估是否为后工序保证清洁度 |

化学成分试验：取样件，在光谱仪设备直接测量。设备自动读取相关元素含量。

力学性能试验：因泵体结构较小，无法在泵体上取标准试棒，通常为铝液供应商提供试棒代替泵体进行。在熔铝时，制作试棒模具，将熔炼成液状的铝水注入试棒模具，制作成测试棒，去飞边、毛刺，将试棒按要求在拉力机夹具上夹持好，加载拉力，直至试棒被拉断，获得拉断试棒的拉力曲线。

压溃试验：径向强度远超轴向，对泵体压溃只需要轴向压溃。已经完成机加工的泵体将水泵涡室面平放于压力机上，轴承孔朝上，启动压力机设备，加载压力，对泵体进行压溃，由此获得压溃曲线图。然后，对实际压溃压力值与

CAE 模拟压溃进行对比，确认吻合度情况。压溃处为泵体薄弱处，需要确认薄弱处的壁厚、加强筋等设计是否合理。

气密试漏试验：泵体从铸造毛坯经过机加工工序后，达到规定的尺寸及表面粗糙度要求，因被机加工去除表面材质，特别是机加工把高压铸造件表面的致密层去除掉了，铸造气孔、缩松会在此时显相化，对它进行气密试漏可较好识别毛坯缺陷。本试验与泵体加工过程中气密性试漏相同，不再赘述。

清洁度测量：

根据 QC/T 572 标准，清洁度试验分 5 个步骤：

（1）准备阶段。按相关规定对人、物、环境做好测定前准备，并且按规定流程进行抽样。

（2）清洗环节。被测泵体采用定量流量或定量压力充分淋洗、冲洗、清洗。一般采用约 0.5MPa 压力，1L 容量的清洗液对试样进行清洗。

（3）过滤环节。清洗后一般采用全液过滤。采用 5 μm 单片滤膜或者 5 μm 单片滤膜加 38 μm 网孔尺寸的滤网进行过滤。全液滤完后用 > 50mL 的洁净清洗液冲洗滤网、器壁，使杂质转移到滤膜上。

（4）烘干、称重环节。滤膜烘干温度一般为 90±5℃，滤纸使用之前需要在烘箱中烘干 30min，用滤纸过滤后，烘干 30min，然后放置于干燥皿内连续冷却 30min，再进行称重。

（5）杂质分析环节。将过滤纸置于显微镜下，测量颗粒尺寸的大小，分辨杂质属于金属、非金属等并据此出具清洁度报告。

### 6.1.2 密封圈单品试验

①对采用 EPDM 密封圈密封的水泵，需要对密封圈进行如下项目的试验：

| 项目 | 标准 | 试验描述 / 条件 | 试验目的 |
|---|---|---|---|
| 硬度 | 70±5HV | 硬度计 | 验证密封圈在各种条件下的材质特性，以此判断密封圈的功能效果 |
| 拉伸强度，拉伸率 | ≥5MPa | 拉力机 | |
| 耐冷却液后硬度、拉伸强度变化、体检变化 | ≥150% | 耐冷却液试验 100℃×70h | |
| 耐热空气老化后硬度、拉伸强度变化、永久压缩变形 | ≤±15HV ≤±30% ≤−50% | 老化试验及压缩工作（150℃×70h） | |
| 耐低温性 | ≤−40℃ | 低温试验机，10h | |
| 耐永久压缩变形率 | ≤25% | 150℃×22h | |

试样分别浸泡在 100℃冷却液 70h、放置于 150℃热空气中 70h 之后，需要分别测量硬度、拉伸强度、拉伸变化率、体积变化率、压缩变形量等项目。

密封圈硬度：先将硬度计归零，将试样置于硬度计测量台上，启动设备，试验缓慢地受到规格负荷约 1kg 时立即读数。试样上的每一点只测量一次硬度，点与点之间的距离不少于 6mm，每个试样的测量点不少于 5 个，取测量所得数值的中值为试验结果。

拉伸强度、拉伸率：将试样装上设备夹具，连接好伸长测量系统，调整零点，启动设备，以规格速度（500±50mm/min）拉伸试样，记录试样拉伸到规定伸长时的载荷、拉断时的载荷及伸长量。试验一般样件数≥ 5 个，试验结果取计算结果的中值。将载荷换算为拉伸强度，将伸长量的变化换算为拉伸率。

体积变化率：将试样浸泡在液体介质，根据一定时间内或者饱和状态下所发生的体积变化，求得浸泡前后重量之差与浸泡前重量之比，称之为重量变化；求得浸泡前后体积之差与浸泡前体积之比，其为体积变化率。一般有专用设备自动测量读数值，设备原理为阿基米德原理，配合设备测量系统的软件技术自动计算出来。

永久压缩变形：试样在自由状态下的截面高于被压缩后的截面高度的差值△x，△x 除以自由状态下的截面高，即为压缩量，也称为压缩变化。

②对采用涂硅胶的密封圈，一般要做如下项目的试验：

| 项目 | 标准 | 试验描述/条件 | 试验目的 |
|---|---|---|---|
| 比重（密度） | 图纸规格≤ ±10% | 将 A/B 胶混合固化之后测量 | 验证混合比例的胶材料性能 |

| 项目 | 标准 | 试验描述/条件 | 试验目的 |
|------|------|------|------|
| 硬度 | 肖氏硬度45±2HS | 标准样块A/B较混合固化之后测量 | |
| 抗液性能 | 重量损失±8%以内 | 将试样放置于防冻液浸泡之后测量 | 验证抗防冻液性能 |

比重测量：将试片按规定尺寸裁切，根据试片尺寸，得出体积，然后用精密天平称重得到重量值，换算成比重。目前，可用橡胶比重计测量比重值，为确保试验数据的准确性，样本数应≥10件。

硬度测量：将固化之后的试片放在测量仪上，肖氏硬度是应用弹性回跳法，使撞销从一定高度落到所试材料的表面上，发生回跳，测量的撞销回跳高度来表示硬度。样块试验随机抽检≥3件。

抗液性能：将胶条剪成不同长度的试条，放入盛有规定防冻液的反应皿中，反应皿测试温度为135℃，放置94h，密封胶的重量损失≤±8%；继续放置504h，密封胶的重量损失≤±8%，因需要2次取样，同时为确保试验准确性，试验胶条样品数量≥20件。

### 6.1.3 皮带轮单品试验

对采用粉末冶金材质的皮带轮，一般要进行如下单品试验：材质报告、超声波或磁粉探伤检测、压溃试验等。模具已保证皮带轮外形尺寸，并有水蒸气表面处理的防锈，所以针对粉末冶金材质的皮带轮无须进行动平衡量、单品盐雾试验，它的具体试验项目主要如下：

| 项目 | 标准 | 试验描述/条件 | 试验目的 |
|------|------|------|------|
| 密度 | 图纸规格要求 | 至少在3个部位上取样，分别测量 | 确认密度是否均匀，防止分层 |
| 碳含量 | 图纸规格要求 | 试样实测 | 验证皮带轮是否满足规格要求 |
| 铜含量 | 图纸规格要求 | | |
| 硬度 | ＞100HB | | |
| 磁粉探伤 | 按照国标要求 | —— | |
| 压溃试验 | 对比试验 | 试样实测 | |
| 金相组织 | 图纸规格要求或行业标准 | 试样实测 | |

密度测量：将试样称重，测体积，换算成密度。

碳含量测量：一般采用红外碳硫仪检测。切割零件、取样块，在天平上放坩埚，坩埚在高于1 200℃的高温加热炉中灼烧4小时或者通氧灼烧至空白值为最低，天平归零并称重记录数值。然后在坩埚内先后加入钨粒、锡粒助熔剂，在炉头支架上放入坩埚，炉头开始加热，分析样品，过程结束后，设备会显示分析结果，之后会将每批剩余的样品盒对应的光谱试样存放于同一个样品袋中一到两年。

铜含量测量：一般采用直读光谱仪进行检测。切割零件、取样块，样块应均匀性好，无裂纹、气孔等缺陷，防止激发在缺陷上导致分析数据异常。样品一般需要在 40 目以上的砂纸上，用磨样机磨平，要能目视可见方向一致的磨纹。样品温度不能太高，也不能骤冷，因此要求样品在磨削过程中一般不能用水冷却，以免表面被氧化，更不允许用手直接触摸表面。将样品放于光谱工作台，启动设备，设备的激发点应落在从样品边缘起至样品中心部约 1/3 距离为宜，激发点之间不能重叠。激发完毕，设备自动读数。每个批次随机抽样制样块，激发三次取平均值。

硬度测量：采用硬度计测量，不再赘述。

磁粉探伤：利用零件内部缺陷的磁导率会与正常组织结构有差异，形成部分磁通泄漏处工件表面产生漏磁场而吸引磁粉，在适当的光照条件下，会显现出缺陷位置和形状。将皮带轮试样进行清洗，保持表面干净清洁，将试样放置于工作台，启动设备，采用湿法浇淋、磁化或者干法直接喷撒磁粉给试样零件充磁，目视确认零件内部缺陷。然后将试样放于直流电磁场中进行退磁，一般要求剩磁量小于 5 高斯。最后将试样上所有的磁粉清洗干净。

金相组织：将皮带轮沿着轴线剖切，腐蚀后采用金相显微镜观察内部金相组织，分别按 ×50、×400、×500 的放大倍率观察，正常的金相组织形态为合金化合物 + 少量珠光体 + 均匀分布的孔隙与石墨，如图 6.1–1 所示：

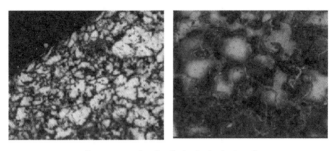

图6.1-1　粉末冶金金相组织图

压溃试验：对皮带轮的压溃，分轴向压溃、径向压溃。压溃示意图如图 6.1-2 所示：

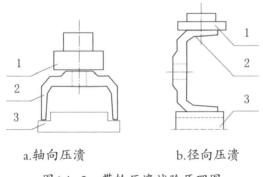

a.轴向压溃　　　　　　b.径向压溃

图6.1-2　带轮压溃试验原理图

1.压头　2.皮带轮　3.支撑工装

常温常压条件下，在万能拉力试验机上，操作设备下降压头，到临近皮带轮时启动设备程序，设备自动按照规定的下降速率下降压头，直至皮带轮被压溃，设备自动记录压力曲线。物料轴向、径向压溃都要求压溃力≥5倍皮带轮受力。大部分皮带轮压溃试验中的压溃力远大于工作受力，为确保试验准确可靠，一般安排样件＞5件，试验中取平均值作为试验结果，同时保留数据，作为后续压溃试验的对比标准件，以备待查。压溃处都是皮带轮的薄弱处，轴向压溃试验的压溃处在轴向转弯位置的薄弱处，径向压溃试验的压溃处在径向方向与下压力呈现大致垂直90°的位置。对烧结缺陷、分层的皮带轮会在缺陷位置被压溃，可以通过试验实际情况得到确认。

对机加工或旋压工艺的皮带轮，单品试验相关项目与上述粉末冶金有差异，特别是该工艺的皮带轮强度足够，不需要做压溃试验，但需要重点确认它们的不平衡量，它们主要项目如下：

| 项目 | 规格 | 试验描述/条件 | 试验目的 |
|------|------|------|------|
| 不平衡量 | ≤20g·cm | 动平衡设备测量 | 运行时偏心量对轴承无影响 |
| 材料力学性能（化学成分、机械性能） | 图纸要求 | ———— | 验证皮带轮是否满足图纸 |
| 盐雾试验 | 图纸要求 | ———— | |

材料力学性能：按图纸要求，制造试棒进行相关测试，不再赘述。

不平衡量测量：机加工或者旋压皮带轮较粉末冶金皮带轮的动平衡大，都需要对它们进行不平衡量校验。如图6.1-3所示：

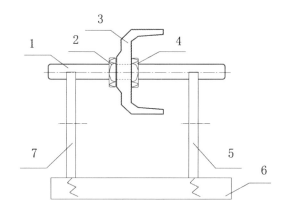

图6.1-3　皮带轮动平衡校验

1.芯棒　2.锁紧螺母1　3.皮带轮

4.锁紧螺母2　5.测量轮1　6.动平衡测量系统　7.测量轮2

　　动平衡测量设备主要由锁紧螺母、两对动平衡测量轮、动平衡测量系统、标准动平衡芯棒、测量零件所需的芯轴等组成。动平衡测量系统是设备的关键，比较常见动平衡测量系统品牌有上海申克机械有限公司等。测量皮带轮时，需要先对动平衡设备进行校准。将标准芯棒装在设备上，启动设备，测量程序完成后设备停止，设备自动读数，对比动平衡量与标准值，确认误差是否在规定范围内，只有确认误差范围在规定范围内的设备才能进行皮带轮动平衡校验。因动平衡系统较灵敏，通常都要求每班开机后首先校正标准芯棒的动平衡量。对设备进行维护保养后也需要校正设备的准确性。将皮带轮装在专用芯轴上，芯轴整体装在动平衡设备上，启动设备，芯轴在动平衡的测量轮带动下经历低速→中速→高速→中速→低速旋转，皮带轮因为存在不平衡量，在旋转过程中会使设备的动平衡测量系统产生周期性震动，测量系统通过对震动量采集、分析，最后换算成不平衡量数值，完成对皮带轮动平衡的测量。皮带轮动平衡量行业内规格常见为 ≤ 20g·cm。

盐雾试验：机加工或者旋转皮带轮一般都会对表面进行镀锌、电泳防腐蚀处理。试验中将皮带轮放入盐雾试验箱，按照 GB/T 10125 盐雾方法，将试验箱温度设置为 $35 \pm 2$℃，氯化钠溶液浓度控制在 $5 \pm 0.2\%$，pH 酸碱度保持在 $6.5 \sim 7.2$ 之间，盐雾沉降量设置为 $1.0 \sim 2.0$mL/80cm$^2$·h，试验时间按照 QC/T 625《汽车用涂镀层和化学处理层》标准执行，如标准要求 96 小时无红锈，即表示在第 96 小时时取出零件确认是否有红锈，试验完成后出具报告。

### 6.1.4 叶轮单品试验

叶轮的材质主要有树脂、冲压钢质两种。树脂叶轮为注塑树脂＋钢质衬套，针对这种叶轮，一般有如下试验项目需要验证：

| 项目 | 标准 | 试验描述／条件 | 试验目的 |
|---|---|---|---|
| 热变形 | 径向变形≤ 0.3<br>轴向变形≤ 0.3 | 放置于高温箱一定时长，测变化值 | 验证叶轮冷热变化是否满足要求 |
| 冷热交变的性能 | 无裂纹 | 按照规定工况 | |

| 项目 | 标准 | 试验描述 / 条件 | 试验目的 |
|------|------|------|------|
| 极限装配 | 无裂、无松脱、拔脱力满足要求 | 最大最小过盈量条件下装配情况 | 验证极限尺寸是否满足要求 |
| 材料性能 | 图纸要求 | —— | 材质确认 |
| 衬套化学成分 | 图纸要求 | —— | 材质确认 |

材料性能、衬套化学成分测量不再赘述，与前篇泵体、皮带轮等测量方法类似。也可查阅相关资料进一步了解。

热变形：取试样叶轮 ≥ 5 件，在常温常压环境下测量径向尺寸、轴向尺寸，分别记录。将叶轮放置于可加热器皿，器皿内装有足量的防冻液，加热器皿使防冻液温度处于 $130 \pm 2℃$，保持该温度，蒸煮叶轮 1h，取出叶轮迅速测量其径向尺寸、轴向尺寸并记录。试验前尺寸与试验后尺寸之差即为热变形量，一般试验后尺寸会略微增大。5 个试样数据取最大最小值，分别计算最大变形是否满足变形量要求。试验中的防冻液温度的设定需要考虑叶轮实际工作环境温度。目前，汽车的冷却系统大部分都是按照 50%：50% 比例添加防冻液与水混合，其饱和蒸汽压条件下，防冻液的沸点为 115℃左右，故可以理解为叶轮实际工作环境温度约 115℃，考虑安全系数，设置 130℃ 为较合理。不同车辆水系统实际温度会有差异，需要根据具体情况而定。热变形试验目的主要有 2 个：

（1）防止叶轮外径变化导致水泵性能不满足图纸要求；

（2）出于发动机结构小型化及水泵效率提高等综合考虑，水泵叶轮与对手件涡室间隙设计值呈变窄趋势，如果叶轮受热变形过大，叶轮可能会与对手件涡室干涉。

冷热交变：取试样叶轮 ≥ 5 件，分别将叶轮套入水泵轴承的芯轴上，模拟水泵装配。放置于冷热交变试验台，它能够实现加热 150℃后迅速冷却到 −45℃ 的功能。试样整齐放置于试验台内，确保每个试样受热均匀。启动设备，按照如下控温方式为一个循环：加热到 130 ± 2℃ 使试样受热 1 小时，然后急速降温到 25 ± 2℃，使试样再受热 1 小时，设备再次急速降温到 −40 ± 2℃ 试样冷冻 1 小时，最后设备急速升温到 25 ± 2℃ 环境下试样受热 1 小时。4 个循环为一组试验，待试验完成后，取出叶轮，评价叶轮表面是否有开裂、松脱等，如无此现象则判定冷热交变试验通过考核。此试验关键在于温度控制，加热 130℃ 与前述理由相同，冷冻 −40℃ 是因为目前汽车的低温启动试验为 ≥ −40℃，温度更低的话，汽车的机油、汽油等可能出现流动性不好的凝固，导致发动机无法启动。因此叶轮冷冻试验与汽车冷启动温度相当即可，不需要特别的超低温。冷热交变试验台需要精准控制温度，故设备内的温度传感器需要定期校准，同时，温度传感器位置的分布设计要合理，需要在内腔多个点布置传感器以保证温度的准确、可靠。

极限装配：取试样叶轮 ≥ 10 件，要求叶轮的衬套内孔直径最大值 5 件、最小值 5 件，同时，挑选轴承芯轴直径最大值 5 件、最小值 5 件，如果轴承芯轴无合适的极值试样，可采用硬度、表面粗糙度相似的 GCr15 材质的芯棒代替。根据排列组合可知，它们能形成配合间隙最小、配合间隙最大两种组合。在常温常压条件下将叶轮压入轴承芯轴，确认叶轮是否开裂，再拔出叶轮，确认拔脱力是否满足要求。对配合间隙最小的组合，除了确认叶轮是否开裂、拔脱力是否满足要求之外，还要确认轴承芯轴是否会将叶轮衬套挤出金属粉末，以评估清洁度是否满足要求。试验中所有的试样都满足要求才算通过极限装配验证。

针对冲压钢质叶轮，它的单品试验主要做材料的机械性能、化学成分、极限装配等，不需要热变形、冷热交变。它的试验过程与上述树脂叶轮方法类似，不再赘述。

### 6.1.5 水封单品试验

水封是水泵关键子零件，对它的单品试验主要有：密封性试验、摩擦扭矩试验、交变试验、耐久试验、超高速试验等项目。目前 JB/T 11242《汽车发动机冷却水泵用机械密封》对水封部分试验有相关要求，为了确保水封单品质量，除了完成国标要求的试验项目，还有其他试验需要完成，具体项目如下：

| 名称 | 项目 | 试验描述/条件 | 试验目的 |
|------|------|--------------|----------|
| 动态密封性试验 | 含硅酸盐防冻液耐久 | 浸泡硅酸盐防冻液运转水封 | 确认水封与防冻液的兼容性 |
| | 有机物防冻液耐久 | 浸泡有机防冻液运转水封 | |
| | 高转速试验 | 按照设计最高转速运行水封 | 验证高速状态水封性能 |
| | （单独）动态试验 | 不同工况密封性测试 | 动态密封性验证 |
| | 低润滑试验 | 模拟缺润滑少润滑水封状态 | 抗低润滑性能 |
| | 异物磨损试验 | 抗异物能力 | 抗异物能力确认 |
| 摩擦扭矩试验 | 摩擦/噪音试验 | 水封运转时异响分布情况 | 验证水封异响情况 |
| | 干运转试验 | 抗干运转 | 验证抗干磨能力 |
| 静态试验 | 总成弹力试验 | 水封弹簧力校验 | 确认弹簧力情况 |
| | 总成静态试验 | 水封静态密封性确认 | 静态密封验证 |
| 其他试验 | 干湿交变试验 | 在干/湿频繁切换环境下水封运行状态 | 抗干湿摩擦能力验证 |
| | 冷热交变试验 | 设备冷热交替变化水封运行状态 | 抗冷热交变能力验证 |
| | 耐久试验 | 耐久试验 | 耐久性验证 |
| | 超高速试验 | 以120%设计最高速运行状态确认 | 超高速性能确认 |
| | 子件耐久试验 | 子件磨损确认 | 子件耐久性确认 |

## 6.1.6 动态密封试验

水封与防冻液兼容性试验、高转速试验、单独动态试验需要在专用试验台上进行，它由外置水箱、循环水泵、管路、电器控制部分等组成，如图6.1-4所示：

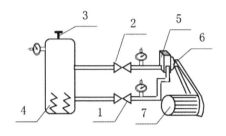

图6.1-4 动态密封试验台

1.入口节流阀 2.出口节流阀 3.安全阀

4.电阻丝 5.泵壳体 6.循环水泵 7.驱动马达

水箱需要配备加热功能以保证试验过程中达到要求的水温。为了方便试验，通常将水封装配到某一水泵总成上。这个水泵总成比较特殊，叶轮、皮带轮不能装配到水泵，它由泵体、水封、轴承组成，如图6.1-5所示：

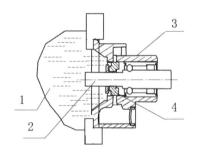

图6.1-5 水泵与驱动马达连接示意图

1.泵壳体 2.轴承 3.泵体 4.水封

轴承芯轴与驱动马达建立连接，计算好马达与水封的传动比，传动比以 1：1 为宜，可以较方便地直接调整马达转速以控制水封转速。水泵总成装在试验台上，水封被完全浸泡，试验过程中的水循环依靠试验台的外置水泵进行。水泵泵体下方有排水孔，试验过程中的泄漏量通过对排水孔流出的水进行收集并且测量判断。可以采用带刻度的试管直接在排水孔下方收集流出的水，为了防止水在收集过程中被蒸发掉，可以在试管表面内预先加注一定量的油，每日收集测量。启动设备，驱动马达带动水泵水封工作，模拟水封工作过程中动态密封状况，通过漏水量来评价试验情况。一般水封漏水量小于 1mL/100h 为试验通过考核。

对防冻液兼容性试验，还需要在前文提到的这种试验台上进行，主要区别就是在试验台的水箱添加不同防冻液进行试验，具体试验内容如下：

（1）硅酸盐防冻液耐久试验。

在试验台上，布置好水封，试验台水箱添加 50% 配比含量的高硅酸盐防冻液，水箱系统压力调整为 0.1MPa，水温控制在 110±5℃。按如下工况：启动设备，驱动马达 600rpm 转速运行 8s 时间，转速调整为 6 700rpm 运行 4s，然后转速调整为 600rpm 运行 8s，转速再调整为 6 700 运行 4s，最后转速降到 600rpm 运行 8s，该过程为 1 个循环，连续运行 1 000h，全时段测量泄漏量，并绘制泄漏量推移图，形成泄漏值报告，要求总漏水量小于 10mL。同时，在台架试验完成后，分解水封，测量密封面形状、粗糙度等，确认磨损情况是否满足要求，具体见水封拆解评价章节相关说明。

硅酸盐防冻液含矿物质，在一定条件下容易结晶，影响水封密封，本试验相关参数会比后续有机物防冻液耐久试验略低。本试验主要关注泄漏情况，在泄漏值无明显异常的情况下，综合考虑密封面磨损情况，评价试验结果，并形成试验报告。如试验相关参数与有机物防冻液耐久试验相同，本试验结果仅供参考。

（2）有机物防冻液耐久试验。

在试验台上，布置好水封，试验台水箱添加按 50% 配备好的有机物防冻液，将水箱系统压力调整到 0.2MPa，水温设置在 120±5℃，持续按照 7 000rpm 运转 1 000h，全时段测量泄漏量，并绘制泄漏量推移图，此试验水箱压力比实际运行工况大，转速高，水温高，一般全时段总泄漏量 ≤ 10mL 即视为通过试验。同时，在台架试验完成后，分解水封，测量密封面形状、粗糙度等，确认磨损情况是否满足要求。目前市面上防冻液大多数为有机型，对水封进行本试验有普遍的现实意义，也更加符合水泵实际情况。

（3）高转速耐久试验。

在试验台上，布置好水封，台架水箱添加按 50% 配比好的有机物防冻液，水箱系统加压到 0.1 ～ 0.2MPa 之间，具体视水泵在车辆上冷却系统的压力而定。目前，主流车辆冷却系统压力 0.14MPa 左右，因此，试验台水箱压力一般可以设置为 0.15MPa，水温设置为 120±5℃，以水封理论设计的最大转速（如某品牌水封 10 000rpm）运行 200h，确认全时段泄漏量，当总泄漏量 ≤ 5mL 及水封拆解的动环、静环面粗糙度、磨损状态满足要求即视为通过试验。

（4）动态试验。

在试验台上，布置好水封，试验台驱动，马达转速、水箱加压压力参数设置按照水封实际工作值，即水封在汽车冷却系统上水泵的相关技术参数进行。介质温度为常温，介质为清水与防冻液固定配比的混合物，在额定转速及压力下，运行 5h，全时段无泄漏量即视为通过试验。

水封的动态密封试验，除了在试验台上完成，还可以对水泵总成进行。对水泵总成进行气密测试时，水封以低速转动即为测量的动态泄漏量。具体见水泵生产工艺的相关说明。

水封低润滑性试验、异物磨损试验需要精确控制试验过程中的液位高度，必须采用专用的水封试验设备。它由驱动马达、外置水箱、循环水泵、加热电阻丝、液位传感器、液位罐等组成。其中液位罐为透明材质，可以目视看到内侧液位。启动设备，马达运转，循环水泵工作供水到液位罐，它通过管路回流到外置水箱，试验过程中，可在外置水箱上加压增加系统压力，试验设备外置水箱具备加热功能，水封与轴承装配在水泵泵体上，轴承芯轴与驱动马达直接固定连接，传动比为 1∶1；水泵泵体下方有排水孔，试验过程中的泄漏量通过收集排水孔流出的水量进行测量和判断，与上述试验台收集方式相同，可以直接在排水孔下方采用带刻度的试管收集，为了防止水在收集过程中被蒸发掉，可以在试管内壁预先加注一定量的油，每日收集测量。其试验台原理图如图6.1-6所示：

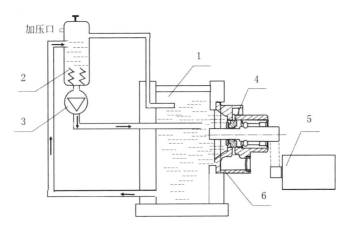

图6.1-6　水封低润滑/异物试验台示意图

1.液位罐　2.加热电阻丝
3.循环水泵　4.水封　5.驱动马达　6.水泵泵体

（5）低润滑性试验。

为了验证水封在实际工作过程中处于冷却液未完全浸泡的状态下的水封性能，需要进行低润滑性试验。在试验台上，布置好水封，台架水箱添加按50%配比好的防冻液，调整试验台液位罐的液位高度，试验过程中液位线位于水封中心线位置，使水封中心线上方部位暴露在液位之上。当试验开始时，水封旋转，中心线下方的部位浸泡在液位，在水封旋转过程中附着的防冻液被带到上方部位对其进行润滑，此状态称之为低润滑状态。总之，低润滑状态就是处于浸泡完全润滑与干摩擦之间的状态。它能较好地评价水封密封性能。试验台水箱系统加压压力为 0.1MPa，水温控制在 120±5℃，启动设备，驱动马达以 8 000rpm 转速运行 200h，当全时段总泄漏量 ≤ 5mL 及水封拆解的动环、静环面粗糙度、磨损状态满足要求即视为通过试验。

本试验要求较准确控制液位位置，既不干磨，又不过分湿润，模拟低润滑状态下水封运行状态，因此，透明的液位罐液位控制是试验的关键。

（6）异物磨损试验。

将水封正确放置在试验台架上，台架水箱添加按 50% 配比好的防冻液与水的混合液。为了确认各型号水封抗异物能力，试验需要在水箱中添加粉末，粉末为不同级别和尺寸大小沙粒的混合物。至于异物添加量，不同生产商略有不同，如按重量进行控制则一般按照 10g/5L 进行添加。启动设备开关，驱动电机带动水封旋转，循环泵启动，整个水系统在试验台架运行，根据试验要求，对应调整水封转速、调整沙粒颗粒大小，分别测量水封泄漏量。

如下为某型号水封试验粉末添加情况：添加 JIS Z8901 的标准测试用粉末，根据水箱容量按如下比例，JIS 3 级别粉末 2.8%，JIS 8 级别粉末 2.8%，铸造用沙 2.8%。全部添加完毕后搅拌混合。试验过程中，水箱系统加压 0.1MPa，水温控制在 90±2℃，启动设备。试验时，水封工作速度从 0rpm 迅速提速到 8 000rpm，连续运转大于 100h（不同水封泄漏量有差异，试验时间会有长短的区别），试验过程中，水封几乎都会发生泄漏，但相同泄漏量的发生时间长短有明显差异，部分水封发生泄漏的时间短。一般是全时段总泄漏量 ≤ 10mL 发生时间大于 100h 及水封拆解的动环、静环面粗糙度、磨损状态满足要求即视为通过试验。

从过往的试验经验来看，因水箱添加压力，粉末在压力作用下会有向动环、静环密封面侵入趋势。直径 > 300 μm 的颗粒，一般较难侵入到水封动环、静环密封面，但侵入结果需要从概率的角度理解，即部分大颗粒的粉末能侵入而小颗粒的粉末却没侵入是可能发生的。

该试验将水封完全暴露在外来粉末的影响下，测试环境比水封实际工作环境严酷得多，能较好评价水封抗异物能力，是水封开发阶段必备的考核项目。

### 6.1.7 摩擦扭矩试验

水封摩擦扭矩试验可分为磨损/噪音试验、干运转试验。这两个试验都需要单独在专用试验台架上进行。

（1）磨损/噪音试验。

它由工作台、转动主轴、水封安装工装、噪音采集仪、加热装置、传感器等组成。水封装在主轴上并浸泡在小水箱中，在水箱中添加按 50% 配备好的防冻液，水箱具备加热保持功能，可以按需要的水温进行控制；水箱布置水温传感器测量水温，加热装置一般为加热电阻丝，部分厂商未布置加热电阻丝，他们会在试验过程中，直接添加规定温度的防冻液，因为试验时间较短，此举对试验无太太影响。试验压力为大气压，主轴转速可以分挡按整数调整，如500rpm、1 000rpm，主轴上布置了转动扭矩测量装置，能实时测量水封工作过程中的旋转扭矩情况，当扭矩超过设定值时会发出警报提醒。水封外圈压装在水箱底部工装，内圈与主轴刚性连接，传动比为1：1，对不同转速的水封只需要通过控制主轴转速即可。噪音采集仪布置在水封附近，距离要求≤ 0.5m，试验过程中，它的距离不能发生变化，以免影响试验噪音采集；取标准噪音，对试验过程中所产生的噪音与标准噪音对比来判断水封是否有产生噪音。如下图6.1-7为某水封噪音试验图示：

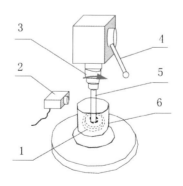

**图6.1-7　噪音试验台原理简图**

1.水封　2.噪音采集仪

3.转动扭矩测量仪　4.手柄　5.主轴　6.小水箱

　　试验中，将水封正确放置在噪音试验台上，水温分别控制在20℃、40℃、60℃、80℃、100℃，模拟发动机水温情况，启动设备，水封转速分别按500rpm、100rpm、1 500rpm、2 000rpm、2 500rpm调速，分别确认水封是否有异响，摩擦转动扭矩是否异常。如果水封发生异响同时摩擦转动扭矩也突然波动，说明水封发生黏滑运动，具体原理见水封章节。根据过往试验经验，水封一般在低转速情况下容易产生异响，如图6.1-8所示：

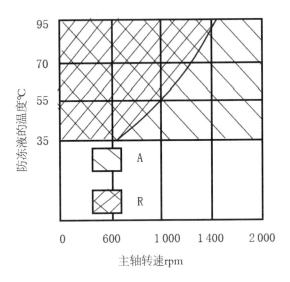

图6.1-8　异响试验分布图

A阴影区：试验区域；

R阴影区：异响发生区域；

异响发生率 $=R/A \times 100\%$。

通过对比发生区域阴影面积，得出该试验中噪音发生概率。阴影面积占比越大，噪音发生概率越高。

此试验项目可以预先评估水泵装在发动机上之后是否容易发生异响，是一个很好的评价试验。但也有缺点，如水箱防冻液不流动，对水封端面的冲击力无法模拟；水封在试验中的震动无法模拟，震动也可能导致水封有噪音；这两点与水封真实工作场景有差异。

（2）干运转试验。

此试验需要特制试样水封。水封生产时，在静环面布置温度传感器，同时保持水封动环、静环面表面干燥，不允许涂覆任何润滑油、润滑剂，然后组装成水封总成，如图6.1-9所示：

图6.1-9　水封静环布置温度传感器

本试验可以参照噪音试验台而开展。试验台由工作台、工作主轴、温度传感器、水封安装工装等组成，布置测量设备读取温度传感器数据，小水箱不添加任何防冻液或水，让水封处于干状态。将水封总成安装在试验台工装上，静环外圈压装在试验台，动环与试验台主轴连接，传动比为 1 : 1。通过设置主轴转速来实现水封转速调整。水封及试验台裸露在大气压及室温条件下，水封保持干燥。水封温度传感器与测量仪器连接，启动设备，按 2 000rpm 转速连续运行水封 10min，布置于水封动环、静环密封面的传感器实测记录温度变化曲线。由于密封面干燥，水封处于干摩擦状态，此状态下水封密封面会迅速升温。试验结束后，从如下两项判断试验是否通过：

①温度变化曲线的最高温度是否小于水封的耐温值。

②试验后的水封摩擦扭矩是否满足要求。

一般抗干运转能力差的水封，试验中会发生高摩擦扭矩及热量，严重影响水封性能。

（3）静态试验。

对水封开展静态试验，包括总成弹力试验、静态气密性试验。

①总成弹力试验。

在 23 ± 2℃ 的条件下，用弹簧试验机对水封总成弹力进行测定，在水封被压缩至工作状态下尺寸保持 10s 后在进行读数。

②静态气密性试验。

将水封正确安装在气密测试工装上，若水封的密封部位发生泄露，则工作腔内气压随之下降。根据工作腔体积、起始压力、压降值及试验时间，即可求出单位时间的评价泄漏量。气密测试过程为：安装水封→充入密封气体→试验条件平衡→泄漏量检测→排出密封气体→解除工作压紧力、泄漏量超限报警等联锁功能，恢复设备。气密检漏仪分辨率、传感器灵敏度等要足够，被密封的介质要求是洁净干燥空气，介质压力为 0.14MPa，试验时间为平衡 4s—10s，检测 ≤ 2s。

（4）其他试验。

对水封开展干湿交变试验、冷热交变试验、耐久性试验、超高速试验、子件耐久试验。

①干湿交变试验。

该试验要求试验装置具备自动加液和排液并进行循环的功能。也可以用水泵直接代替单品水封进行试验。介质温度为室温，介质为清水或是按 50% 配比要求配制的防冻液，试验工况如下：按 1 000rpm 为转速级台阶进行湿运转 2.5min，排液后再干运转 2.5min，循环 1h 为一个转速循环工况。然后，逐级提升转速，2 000rpm、3 000rpm……直至转速达水封正常使用转速。试验后水封泄漏量 ≤ 0.03mL/h 即视为试验通过。

②冷热交变试验。

采用循环空气进行循环试验，试验装置要具备自动调温功能。将水封正确放置在试验装置上，水封的工作长度在图纸规格要求下，按如下工况：空气温度 23±2℃（运行 1h）→ 140±5℃（运行 1h）→ 23±2℃（运行 1h）→ −40±5℃（运行 1h）为一个循环，共循环 20 次。完成试验后测水封空气

泄漏量 ≤ 3.5mL/min，拆解水封确认内部子件无划痕，动环、静环、橡胶圈等无异常磨损、失效，可判断为试验通过。试验中，对温度传感器的精度要定期校准。

③耐久性试验。

本试验装置应该具备温度的调控系统，温度控制能精确到 1℃ 的温度调控。在试验装置水箱内添加按 50% 配备好的防冻液，系统最大压力 ≤ 0.2MPa。水温控制应根据水封橡胶材料分别设置：对丁腈橡胶密封件的水封，试验水温设置为 95 ± 5℃；对氢化丁腈橡胶密封件的水封，试验水温设置为 110 ± 5℃。试验工况为：以不超过 15s 时间，将转速从 0 提升到水封使用工况转速，保持工况速度 60s，然后，在不超过 15s 的时间将转速降低到 0，为 1 个循环。按照此循环，累计运行 500h 为试验时间。使用工况转速点一般为水封装配在水泵上，水泵工作的额定工况转速。完成试验后，测试水封的泄漏量 ≤ 0.15mL/h，拆解水封，若内部各子件无异常开裂、磨损失效，即判断为试验通过。耐久性试验的样本数一般为 3 ~ 5 件为宜。

④超高速试验。

将水封置于试验装置上，试验水箱添加配比 50% 防冻液，水温控制在 120 ± 2℃，水系统压力为 0.14MPa，运转速度设置为水封试验转速的 120%。其中，使用转速为水封装配在水泵上工作时的额定转速，匀速运行 25h，停止设备，测量水封泄漏量 ≤ 0.1mL/h，拆解水封，内部子件无开裂、无异常磨损、失效等，判断试验通过。

⑤子件耐久试验。

水封的密封性，主要靠动环与静环结合滑动面密封及连接密封面的橡胶子件决定，如果结合面出现异常磨损，会出现滑动面高度变化，引起动环与静环的滑动面产生间隙，间隙处会发生泄漏，如图 6.1-10 所示：

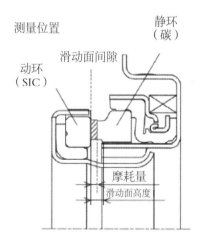

图6.1-10　水封异常磨损示意图

滑动面的密封情况，可以通过拆解水封测量磨损量、表面粗糙度、目视表面是否发亮等方法判断识别。为进一步确认水封耐久性能，目前，部分水封生产商需要增加对水封橡胶子件耐久试验，即静环侧波纹管密封橡胶、动环辅助密封橡胶、波纹管座侧波纹管密封橡胶，各密封橡胶处于水封具体位置如图 6.1-11 所示：

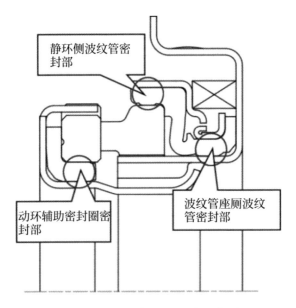

图6.1-11　水封橡胶子件示意图

　　试验前，先准备好样品水封，它要求橡胶的压缩率分别处于上限值、下限值，需要在水封生产环节特殊对应，逐个记录标识。在不同压缩率状态分别进行独立试验。试验设备由加压装置、加热装置等组成。设备上部分为密封盖板，盖板上有充气口；下部分为水槽，水封即安装在此，上下盖板紧固后会在内部形成一个完整密封型腔，水封安装后，在水槽里会被完全浸泡。水槽中添加按照50%浓度配比要求的防冻液。水槽具备加热及温控功能，试验中，水温控制在120±2℃范围，对充气口保持0～0.3MPa气压以确保水槽水压长期稳定保持0.3MPa压力。

　　试验设备简图如图6.1-12所示：

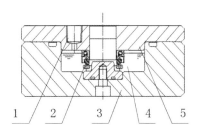

图6.1-12　水封异常磨损示意图

1.加气口　2.样品水封　3.水槽　4.50%配比防冻液　5.盖板

将样品水封正确安装在试验设备上，设定上述水温、压力值，启动设备，持续浸泡到规定的时间。例如，某水封浸泡350h，试验时间的长短需要根据不同水封进行摸索、确认。规定的试验时间是这样定义的：试验时间是与压缩率最小品、行驶40万千米后的残存压缩率下降到同样程度的时间。即如图6.1-13所示：

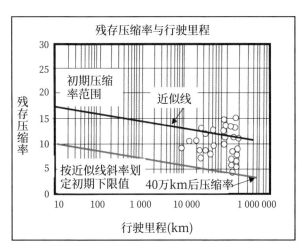

图6.1-13　水封橡胶残存压缩率与车辆行驶里程关系图

试验完毕后，将试验设备水槽里面的防冻液全部倒出，同时，在水封内孔处注入规定配比浓度的防冻液，紧固盖板后对充气孔通 0.3MPa 压力的压缩空气，目视确认水封处是否有气泡泄露。原理简图如图 6.1-14 所示：

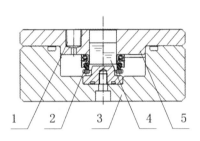

图6.1-14　试验后气泡泄露

1.加气口　2.样品水封　3.水槽　4.50%配比防冻液　5.盖板

如出现气泡，则为泄露。只有无泄露状态的水封才算是通过试验考核。完成试验，可以出具如图 6.1-15 形势报告：

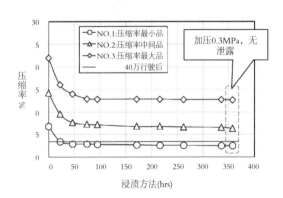

图6.1-15　橡胶密封部耐久试验

### 6.1.8 轴承单品试验

轴承是水泵关键子零件之一，对它的单品试验主要有：高速耐久、负间隙、耐水侵入、耐温耐久等项目。对轴承试验，一般要求试验数量 ≥ 10 件，按照 50% 置信度下达到 90% 的可靠性即判断为通过试验。根据 GB/T 24607-2009《滚动轴承 寿命与可靠性试验及评定》要求，试验过程中，轴承发生故障或者不能正常运转均判定失效；对轴承外圈、滚动体疲劳剥落深度 ≥ 0.05mm，剥落面积 ≥ 0.5mm²，滚子轴承 ≥ 1.0mm² 为剥落。对轴承的单品试验项目主要有如下内容：

| 项 目 | 规 格 | 试验描述 / 条件 | 试验目的 |
|---|---|---|---|
| 耐温耐久试验 | 启动扭矩、油脂残存量均满足要求 | 轴承外圈温度为 100℃，荷重为图纸要求，转速为 10 000 ~ 14 000rpm | 验证轴承的高速性能 |
| 高速耐久试验 | 无失效、点蚀等 | 在 115±5℃ 条件下，400h 无失效 | 验证轴承耐温能力 |
| 负间隙试验 | 启动扭矩、油脂残存量均满足要求 | 轴承外圈温度 100℃，荷重为图纸要求，转速为 6 000 ~ 7 000rpm | 验证极限尺寸对轴承性能影响 |
| 耐水侵入试验 | 电极检测到水侵入为止的工作时间 ≥ 300h | 常温下，向水封滴水 | 验证轴承防水能力 |

（1）耐温耐久试验。

本试验主要考核轴承在较高的工作环境温度下，轴承能否正常工作。试验设备由加热筒、支撑轴承、驱动轮、热电偶、安装支架等部件组成，试验样品轴承通过工装分别套入支撑轴承内孔，工装一端与样品轴承芯轴连接，另外一端与皮带轮连接，驱动轮再与外界驱动电机等动力源连接，实现样品轴承工作时旋转。样品轴承下方有加热筒，能对轴承进行加热并确保试验温度精度 ±5℃。在样品轴承的上方布置 2 个热电偶传感器，实时监控试验过程中轴承外圈温度并反馈到设备，对加热筒进行温度控制及调整。对样品轴承需要加载荷重 $F_r$，加载位置与设计最佳受力点重合，双球结构轴承在两球心距中间位置，一球一柱结构轴承在靠近柱状滚球体侧。加载荷重一般都是通过杠杆及重物来实现的，对不同荷重要求的试验，能通过调整重物、调整杠杆来实现。为方便操作，一般都有重物、杠杆调整与荷重关系表，查表后能快速实现荷重调整。热电偶传感器的布置要远离加载荷重中心线，避免干涉，偏离 5mm 为宜。若偏离过大，测量温度的误差也会较大。试验前，需要对热电偶进行校准，确保安装稳固无松脱。试验设备对支撑轴承孔同轴度要求高，需要特别保证，可在装上样品轴承后，分别测量轴承芯轴两端的高度，高度之差近似为同轴度，如果差异大，可以通过垫铜片的方法，对支撑轴承进行调整。试验设备原理简图如图 6.1-16 所示：

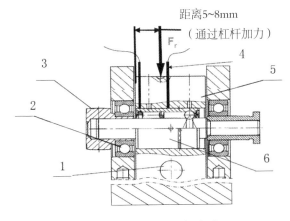

图6.1-16 轴承耐久试验

1.加热装置 2.支撑轴承 3.驱动轮
4.热电偶传感器 5.安装支架 6.样本轴承

测量试验样品轴承的异音分贝值或加速度、转动扭矩、轴向游隙、径向游隙并记录，供试验完毕后进行对比。样品轴承正确安装在试验设备上，调整设备温度到 $115 \pm 5℃$，设置加载轴承工作的载荷力 $F$，为了保证轴承运行受力更加苛刻，要远大于 $L_{10}$ 的理论寿命，可以将 $F$ 按照 $L_{10} = 1\ 500h$ 的径向载荷，加载位置与轴承工作时相同，轴承以 $\geqslant 7\ 500rpm$ 的速度连续运行 400h。试验完成后，拆下样品轴承，测量轴承异响分贝值或加速度、转动扭矩、轴向游隙、径向游隙，综合判断是否通过试验。对失效数量不满足 50% 置信度要求下 90% 可靠性的试验，综合判断试验不通过，对样品轴承的测量仅供参考及失效相关分析之用。

部分使用条件严苛，载荷大、工作温度高的轴承，需要优化试验条件，如调整设备温度到大于轴承的耐温值、轴承转速分别从低速、中速、高速运转进行试验考核。

（2）高速耐久试验。

测量试验样品轴承异音分贝值或加速度、转动扭矩、轴向游隙、径向游隙并记录，供试验完毕后进行对比。将样品轴承正确安装在试验设备上，设备硬件如上述耐温试验相同。调整设备温度到 $100\pm5℃$，使轴承外圈温度在试验整过程受高温达 $100℃$，轴承受力荷重可取 $L_{10}=100h$ 的荷重，轴承以设计的最高转速连续运行 $300h$，大部分水泵轴承设计最高转速为 $10\,000rpm$，荷重加载位置为轴承受力点位置。试验完成后，拆下样品轴承，测量轴承异响分贝值或加速度、转动扭矩、轴向游隙、径向游隙，综合判断是否通过试验。

（3）负间隙耐久试验。

试验前，先按要求制作一定数量的负间隙游隙的轴承样品，分别测量异音分贝值或加速度、转动扭矩、轴向游隙、径向游隙并记录，供试验完毕后进行对比。将样品轴承正确安装在试验设备上，设备硬件与上述耐温试验相同。调整加热装置温度，使轴承外圈温度在试验全过程中达 $100℃$，轴承受力荷重可取 $L_{10}=100h$ 的荷重，荷重加载位置为轴承受力点位置，轴承以设计最高速的 $60\%\sim70\%$ 的速度连续运行 $100h$ 或者以理论计算的最小寿命点的转速连续运行 $100h$。试验完成后，拆下样品轴承，测量轴承异响分贝值或加速度、转动扭矩、轴向游隙、径向游隙，综合判断是否通过试验。

（4）耐水侵入性试验。

试验前，先按要求制作特殊轴承，在它内部布置电极线；同时将轴承压装到壳体上，壳体总成通过安装孔螺栓紧固在试验工作台上。将轴承引出的电极线正确连接到测量仪器上，如欧姆表、示波器等仪器。试验设备自带有水蒸气滴落装置，液态水为按 50% 比例配比好的防冻液，水滴以 $25cm^3/h$ 的速度持续滴落到工作台内腔，工作台表面布置了加热装置，能使内腔有足够温度，能将液态水蒸发成试验所需的水蒸气。此时，内腔的水蒸气能从轴承防尘圈上侵入到轴承内部，模拟轴承进水状态。轴承压装壳体表面布置了加热装置，它能使轴承外圈试验过程中承受高温，模拟轴承实际运行时的温度。轴承另外一端通过皮带轮连接，受到外部皮带张力负荷，皮带轮通过试验设备的电机驱动而旋转，为便于调整，皮带轮与驱动电机的传动比调整为 1：1，当需要调整轴承不同转速时，能迅速通过调整驱动电机转速实现快速调整。

试验开始时，先将轴承正确安装，调整试验相关连接，启动设备，内腔水蒸气加热温度控制在 $120 \pm 5$℃之间，轴承压装壳体表面温度控制在 $100 \pm 5$℃之间，在以 6 000rpm 的速度持续运行。当侵入到轴承内部的水蒸气含量足够多时，内部会发生电位变化，此时内部电极线会导电，通过连接仪器能识别这个现象。只要设备检测到内部电极线已经导电就会自动发出警报直至停止设备运行，我们将试验时间设为 h，当 h ≥ 300 小时的时候，不需要对轴承内部状态、磨损情况等即可以判定该试验通过。试验原理简图如图 6.1–17 所示：

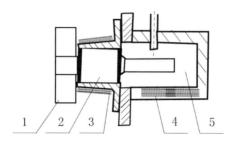

图6.1–17　耐水侵入性试验

1.皮带轮　2.轴承　3.加热装置Ⅰ　4.加热装置Ⅱ　5.水蒸气

此试验重点为考核轴承防水能力，由上章轴承介绍可知，轴承的防尘盖不具备完全防水功能，而且防尘盖不能完全密封，但轴承与水封的距离较短，工作时，轴承很难避免水封里的水蒸气侵入防尘盖到轴承内部，因此，轴承防水耐久试验就显得非常必要了。较好的耐水侵入轴承能有效减少轴承因为进水导致的功能失效故障。

### 6.1.9 水泵总成单品试验

完成上述子件单品试验，还需要针对水泵总成进行单品试验验证，试验项目如下：

| 名称 | 项目 | 试验描述／条件 | 试验目的 |
|---|---|---|---|
| 拔脱力试验 | 轴承拔脱力试验 | 常温常压条件下，拉力机测试拔脱力是否满足设计要求 | 验证子件组装成水泵总成的状态 |
| | 叶轮拔脱力试验 | | |
| | 皮带轮拔脱力试验 | | |
| 扭矩试验 | 叶轮扭矩试验 | 测量扭矩是否满足设计要求 | 验证水泵扭矩的状态 |
| | 自由扭矩试验 | | |

| 名称 | 项目 | 试验描述／条件 | 试验目的 |
|---|---|---|---|
| 拉伤试验 | 剖切泵孔试验 | 切割泵体确认轴承压装的挤压痕迹是否满足要求 | 验证轴承压装的状态 |
| 气密性试验 | 气密性试验 | 气密测试设备实际测量 | 验证水泵泄漏的状态 |
| 清洁度测试 | 清洁度试验 | 按规定测量清洁度 | 清洁度保证能力 |
| 性能及耐久试验 | 综合性能试验 | 性能试验台考核 | 验证水泵总成性能及耐久 |
| | 气蚀性能试验 | 耐久试验台考核 | |
| 全速可靠性试验 | 可靠性能试验 | 闭式试验台考核 | 验证零件损坏、性能下降超出规定范围值、漏水等 |
| 其他试验 | 防水蒸气试验 | 专用试验设备上考核水泵总成 | 验证水泵总成耐水蒸气侵入的能力 |
| | 透明体气泡试验 | 专用设备考核 | 验证水泵实际运转时，水封附近是否有气泡 |
| | 静电试验 | 专用设备考核 | 验证水泵实际运转是否有静电，能否影响轴承寿命 |
| | 整车工作温度试验 | 布置传感器，实际测量 | 实际确认水泵工况 |

（1）拔脱力试验。

对水泵拔脱力试验，有如下3项目：轴承拔脱力试验、叶轮拔脱力试验、皮带轮拔脱力试验。它主要目的是考核设计的装配过盈量是否满足水泵的使用要求。试验在常温常压环境下进行，采用万能拉力机进行拔脱力试验，拔脱力试验样品数量要求 ≥ 3件，样品零件实际拔脱力的平均值即为试验结果。相关拔脱试验说明如下：

轴承拔脱力试验：轴承与泵体完成压装状态的小总成状态零件作为试验样品零件，将它正确地装在拉力机的工装上，具体装夹可参见上一章拆水泵轴承介绍的工装进行，工装支撑泵体表面使轴承芯轴的中心线与拉力机压头中心线重合，拉力机的压头直接作用于轴承外圈上，压头下降，强制把轴承从泵体上拔脱，设备记录拔脱力变化，试验过程中最大的压力即为轴承拔脱力，它不小于图纸要求的拔脱力即为通过试验。

叶轮拔脱力试验：轴承与叶轮完成装配状态的零件作为试验样品零件，将它正确装夹在拉力机的工装上，具体装夹可参见上一章拆水泵叶轮介绍的工装进行。工装以支撑叶轮背面，拉力机的压头直接作用在轴承芯轴上，压头下降过程强制把叶轮从轴承芯轴上拔脱，设备记录拔脱力变化，试验过程中最大的压力即为拔脱力，它不小于图纸要求的拔脱力即为通过试验。

皮带轮拔脱力试验：取水泵总成作为试验样品零件，将它正确装夹在拉力机的工装上，具体装夹可参见上章节拆水泵皮带轮介绍的工装进行，拉力机的压头直接作用在轴承芯轴上，压头下降，在压力作用下，强制把皮带轮从轴承芯轴上拔脱，设备记录拔脱力变化，试验过程中最大的压力即为拔脱力，它不小于图纸要求的拔脱力即为通过试验。

（2）扭矩试验。

扭矩试验有叶轮扭矩试验、自由扭矩试验这两个项目。具体试验要求如下：

叶轮扭矩试验：在常温常压条件下，以叶轮装配在轴承上的小总成状态零件为试验对象，使用扭矩扳手和专用夹具转动叶轮，用扭矩扳手检测轴承与叶轮之间发生移动的扭矩，试验中最大扭矩值小于图纸规定值即为通过试验。

自由扭矩试验：常温常用条件下，对水泵总成零件，使用小型的扭矩起子和专用工装夹具转动水泵，扳手检测水泵总成的自由转动扭矩，试验中最大扭矩值小于图纸规定值即为通过试验。

（3）拉伤试验。

根据前述水泵总成生产工艺章节可知，将轴承压装到泵体内，如果工艺控制不合理，会出现泵体轴承孔表面挤压痕迹不均匀或者偏心拉伤，这种状态的水泵轴承使用寿命会急剧下降。为了验证水泵总成生产工艺的合理性，避免泵孔被异常挤压，需要单独对水泵总成进行拉伤试验，相关说明如下：

在水泵总成装配生产线的压轴承工序上随机抽取 ≥ 5 件试验样品，或者从库存零件中随机抽检水泵总成样品，拆除叶轮、皮带轮、水封。常温常压环境下，用虎钳夹紧泵体，采用手锯沿着轴承中心线平行位置剖切泵体，取出轴承，目视确认泵体内孔状态。若轴承与泵体内孔是过盈压装，轴承压装就会在泵体内孔产生挤压，评价挤压的痕迹是否 360° 圆周方向都有连续分布，实际采集 5 ~ 10 个测量点，对测量挤压的深度进行评价。只有挤压痕迹连续均匀分布，才能判断通过试验考核。

（4）气密性试验。

气密性测量原理详见水泵总成生产工艺章节。本试验前，随机抽检水泵总成 ≥ 3 件作为试验样品，将试验样品正确置于气密性测试设备的工作台上，测试气压 140kPa，室温条件下，经历充气、平衡、泄压步骤，样品水泵最大泄漏量 ≤ 6mL/min 为通过试验，整个过程采用压差法进行，过程中 100% 在线测量。大部分水泵生产厂商在水泵静止状态下进行此项气密性试验，但最近几年，部分生产厂商在气密性试验过程中增加转动动作，即测试过程中，水泵以低速转动，模拟动态密封测试，类似水封单品的动态密封试验，能较好地识别微泄漏缺陷的水封，值得推广。

（5）清洁度测试。

对水泵清洁度，部分厂商仅对水泵涡室有清洁度要求，大部分厂商对水泵总成有清洁度要求，试验时按照图纸规定的要求对涡室或者总成进行清洁度测试。

随机抽取水泵总成 ≤ 3 件作为试验样品，按照规定要求准备好清洗工具、滤纸等，滤纸使用之前需要在烘箱中以 90±5℃ 温度烘干 30min，以备后续使用。根据 QC/T 572-1999 标准，滤纸可采用 5 μm 单片滤膜或者 5 μm 单片滤膜加 38 μm 网孔尺寸的滤网。对被测的试验样品采用定量或者定压力设置，常见有 1L 容量的清洗液、0.5MPa 压力清洗液，分别进行充分淋洗、冲洗、清洗，收集所有清洗液待过滤。过滤时，一般采用全液过滤，当全液过滤完成后需要采用大于 50mL 的洁净清洗液对滤网、器皿等进行冲洗，使杂质转移到滤膜上。用滤纸过滤后，在烘箱内以 90±5℃ 的温度烘干滤纸 30min，然后放置于干燥皿内连续冷却 30min，再进行称重，完成后再将过滤纸置于显微镜下，测量颗粒尺寸大小，分辨杂质属于金属、非金属等并据此出具清洁度报告。

（6）性能及耐久试验。

水泵试验台从试验台的水路是否封闭来看，可以分为封闭式试验台、开放式试验台。封闭式试验台的水箱呈封闭状态，带放气阀、安全阀、真空压力计等零件，能通过调整阀门进行模拟水泵在车辆上工作时水系统压力。根据 JB/T 8126.2-2010《内燃机 冷却水泵 第二部分：总成 试验方法》介绍，针对水泵总成的性能试验可以在开放式或者封闭式试验台上进行。汽蚀试验、密封性试验则必须在封闭式试验台上进行。封闭式试验台、开放式试验台原理示意图如图 6.1-

18、图 6.1-19 所示：

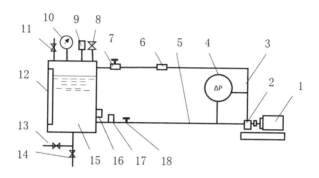

图6.1-18　封闭式水泵试验台示意图

1.测功机　2.被测水泵　3.出口测压管　4.差压计

5.进口测压管　6.流量计　7.出口调压阀　8.放气阀　9.安全阀

10.真空压力计　11.通往真空泵阀门　12.水位计　13.水箱进水阀

14.放水阀　15.封闭式水箱　16.加热器　17.温度计　18.水泵进水阀

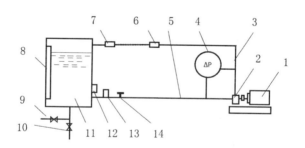

图6.1-19　开放式水泵试验台示意图

1.测功机　2.被测水泵　3.出口测压管　4.差压计

5.进口测压管　6.流量计　7.出口调压阀　8.水位计　9.水箱进水阀

10.放水阀　11.开放式水箱　12.加热器　13.温度计　14.水泵进水阀

常规水泵性能试验按照如下方式进行：

试验介质一般为清水或者按 50% 配比好的防冻液，水温设置按照图纸要求，常见温度有 80±2℃。将测试水泵正确置于试验工作台，启动设备，测试水泵在不同转速下的流量、扬程、轴功率等，并对应绘制其全性能曲线。在 40% ~ 60% 的图纸要求额定转速范围内，均匀间隔选取 4 种或者 4 种以上的不同转速进行试验，也可根据发动机的各个典型工况进行转速选取。不论选取何种转速，每一种试验转速下，流量从最大值到最小稳定值，均匀选取至少 6 个流量点进行试验。试验步骤一般如下：

①准备好待测水泵、根据水泵性能、尺寸等参数，选择符合要求的连接管路、计量仪器等；正确地连接、固定、设定相关测量参数；

②检查水箱水位是否足够，缺水会导致吸空现象；将试验管路的阀门开到最大开度，通水确认各管路连接是否密封；接通电源，低速（如 200rpm）启动电机，确认水泵运行是否正常。将水泵转速调高到试验规定转速，运行一段时间之后确认水泵无异响、异常升温等，同时排出管路内部空气。

③将水箱温度调至试验温度，运行水泵，检查其在高温环境下是否有异常变形、卡滞等现象。检查水泵在高速大流量的工况下是否有明显汽蚀，如有，需采用对水箱加压的方法给予消除。

④确定各个工况点转速、流量并进行逐项试验，同时读

取各试验数值。

水泵的汽蚀性能试验按照如下要求进行：

必须在闭式试验台上进行，试验台具备对水箱加压功能，开放式试验台无法进行汽蚀试验。试验介质为清水，水温设置按图纸要求 80±2℃，按如下要求测定水泵工作范围内的流量、扬程与汽蚀余量之间的关系，并绘制相应的汽蚀曲线。试验时应测定记录转速、流量、扬程、进口压力和水温。

汽蚀试验分两个阶段进行：

a. 扬程不随汽蚀余量变化的阶段；

b. 扬程随汽蚀余量变化的阶段，即断裂阶段。

试验每一流量时，应至少选取 10 个不同的汽蚀余量以绘制汽蚀性能曲线，并且在汽蚀余量接近临界值的阶段，汽蚀余量间隔取小些。

试验时，必须根据汽蚀余量，按照从大到小的方向进行。

汽蚀试验要求水泵进出水管连接可靠以确保管道密封。

试验步骤一般如下：

a. 准备好待测水泵，根据水泵的性能、尺寸等参数，选择符合要求的连接管路、计量仪器等；正确地连接、固定、设定相关测量参数；水泵总成正确安装在试验台架；

b. 检查水箱水位是否足够，缺水会导致吸空现象；将试验管路的阀门开到最大开度，先试通水以确认各管路连接是否密封。接通电源，以 100 ～ 200rpm 低速启动电机，确认水泵运行是否正常。然后将水泵转速调高到试验规定转速，运行一段时间之后确认水泵无异响、异常升温等，同时排出管路内部空气；

c. 将水箱温度调至试验温度，运行水泵，检查其在高温环境下是否有变形、卡滞等异常。检查水泵在高速大流量的工况下是否有明显汽蚀，如有，需采用对水箱加压的方法给予消除。

在确定的试验转速、流量点逐项进行试验，在每一个对应试验转速和流量点试验时先稳定试验工况，然后，一般采取对水箱抽真空的方式逐渐降低水泵进口压力并保持流量不变，确定每一试验进口压力点后稳定试验工况达到转速、扬程的规定后，读取稳定工况下各试验实际数值。

如下为某型号水泵汽蚀试验：将水温设置为 $80 \pm 2℃$，设定水泵额定转速 7 300rpm，调节出水泵出水管道阀门，使水泵流量达到额定流量 150L/min；缓慢关闭水泵进水管道阀门，关一小段，稳定后同时记录转速、流量、扬程和台架轴功率；重复多次试验，直到水泵扬程下降到初始扬程的 50% 为止，计算各记录点的气蚀余量，在表格绘制压差 - 气蚀余量曲线图，如图 6.1-20 所示：

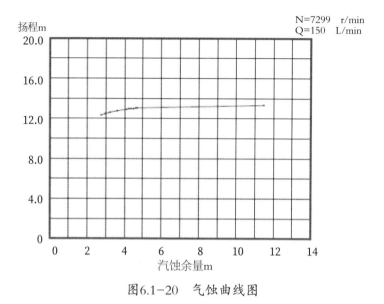

图6.1-20　气蚀曲线图

根据 JB/T 8126 规定，扬程为初始扬程 97% 的点为气蚀点，确定气蚀点的气蚀余量是否满足设计要求。

（7）全速可靠性试验。

该试验在闭式试验台上进行，试验介质为按 50% 配比的冷却液或者水，介质温度为发动机连续运转时冷却液的最高温度，设计水泵时会明确水泵工作时的最高温度。试验装置模拟水泵的实际工作状态，皮带张力通过张紧轮调整，一般为水泵在发动机上的动态皮带张力最大值，试验的水泵皮带包角与其在发动机上相同。封闭水箱加压压力等于水泵工作的冷却系统散热器真空压力阀的压力值，根据 JB/T 8126 要求，试验按如下方法开展：

试验转速为水泵额定工况点转速的 1.1 倍，按照如图

6.1-21工况图的要求进行:

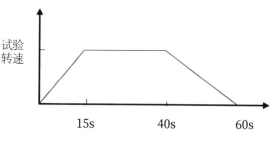

图6.1-21 全速可靠性试验工况图

试验共进行$3×10^4$次循环,即500h。试验过程中,每24h需测量一次水泵转速、水温、进口压力、进出口压力差、循环次数,并停机观察水泵排水孔的排水情况。为了准确收集泄水量,用一个小容器收集水泵泄水孔的泄水量,为防止容器内的水蒸发,可在容器内加入适量机油,用称重法计算排水孔排水量。

试验完成后,水泵放置≥24h,然后需要对水泵进行性能复测。性能试验见上述说明。同时,需要对该试验的水泵进行评价,对零件损坏、性能下降超出规定范围值、漏水等严重不良评价为不通过试验。水泵拆解其他评价详见水泵评价说明章节。

(8)其他试验。

上述关于水泵总成的6个试验都是传统试验项目。随着汽车的普及,客户对水泵的期望较过往有很大提高,因此要求水泵技术相应提升。为了保证水泵更好、更充分地得到验证，目前部分主机厂、水泵生产厂商都开始进行其他系列的试验，主要有防蒸气试验、透明体气泡试验、静电试验、发动机台架试验、整车工作温度试验。

## 6.2 发动机台架试验

将水泵装配在发动机总成上，安排发动机总成可靠性试验的考核也是对水泵耐久可靠性的一种常见试验手段。根据GB/T 19055《汽车发动机可靠性试验方法》可知，汽车发动机在台架上整机可靠性试验是新设计或重大改进的发动机定型、变更生产的发动机认证及发动机质量检验所必须进行的试验项目，它包括负荷试验、冷热冲击试验。负荷试验分为交变负荷、全速全负荷试验。

试验发动机样品数量要 ≥ 2 台，同时应符合发动机制造厂的技术条件，所有紧固件应拧紧至规定值，采用制造厂规定的生产工艺生产的发动机，如加注规定型号数量的润滑油、密封胶。如下为某型发动机负荷可靠性试验台原理简图，冷热冲击试验与此有差异，具体原理结构如图 6.2-1 所示：

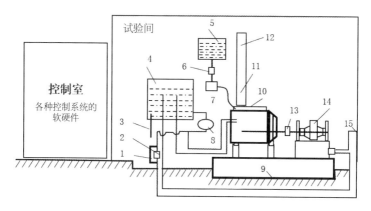

图6.2-1　试验台原理简图

1.电磁阀　2.手动阀　3.溢流管　4.水箱　5.燃油管
6.手动阀　7.油耗仪　8.试验台供水泵　9.基座　10.发动机
11.排气温度传感器　12.排气管　13.联轴器　14.测功机　15.水管

它由控制室及试验间组成。控制室主要是各种发动机控制系统、台架控制系统的软硬件，是试验台的中枢系统。操作人员在试验中需要监控控制室的各相关参数并进行实时调整控制。

试验间由水箱、手动阀、电磁阀、各种水管、供水泵、测功机、基座及各种传感器等组成。发动机在支撑柱上安装完毕，通过联轴器与测功机连接，试验过程中，发动机转动的功率、扭矩等相关参数能通过测功机精准测量并输送到控制室进行记录、调整。发动机、测功机等试验硬件都布置在基座上，基座均匀开槽，支撑柱、测功机能在槽内沿着前后直线方向移动，实现发动机与测功机连接位置的调整。传感器布置完成后，通过连线与控制室连接。水箱为封闭式结构，同时具备低液位报警及对冷却水加热功能。冷却水不得采用清水，因为试验过程中冷却水的温度会超过清水的沸点，必须添加防冻液，如按 50% 配比好的防冻液。水箱外侧通过水管与泵相连，泵工作后，压力水通过管路进入发动机、测功机内部，冷却发动机、测功机之后再回流到水箱。各水管除非在必要情况下不得在接口处采用大小管连接，防止出现截、流影响试验。各水管连接必须紧固、可靠、密封。燃油管与发动机通过手动阀、油耗仪等连接。启动时，打开手动阀，设备自动供应燃油到发动机，油耗仪能精确记录试验中发动机的油耗。发动机工作过程中的尾气通过排气管排走，对发动机的排气温度、机油压力等需传感器实时监控。为保证发动机在试验室正常工作，需要控制试验间的环境温度，目前，大部分试验间均配备冷却空调，保证试验间的环境温度恒定在某一温度值。同时，为了避免发动机局部温度过高，如排气管等高温部位，常采用外加吹风机对该局部位置进行吹拂降温。试验中，也可按照整车水路布置连接发动机水路，这需要在进水管处增加冷却风扇、膨胀箱等零件。

试验发动机装配之前要对关键零件进行尺寸测量。水泵属于重要的关键零件，不但需要测量尺寸，还应该在发动机装配之前测量水泵的性能参数。待发动机装配完成后，安排对其进行初期磨合，完成试验后，需要对关键零件进行精密测量，并将试验前、试验后所得数据进行对比分析。

负荷试验、冷热冲击试验的试验工况有较大差异。试验中有如下专用名词解释：

最大净扭矩转速：发动机带全套车用附件所输出的最大有效扭矩时的转速。

最大净功率转速：发动机带全套车用附件所输出的最大有效功率时的转速。

各种试验工况简述如下：

（1）交变负荷试验。

油门全开，在 1.5min 内，发动机从最大净扭矩转速均匀地升至最大净功率转速，稳定运行 3.5min 后，随后在 1.5min 内匀速降至最大净扭矩的转速，然后稳定运行 3.5min，重复上述交变工况，运行 25min。然后，关闭油门，转速降低到怠速，运行 29.5min，油门开大，无负荷，在 0.25±0.1min 内上升到发动机最高转速，随后在 0.25±0.1min 内匀速降到最大净扭矩转速，至此完成了一个循环，历时 30min，运行 400h 后，试验结束。

（2）全速全负荷试验。

油门全开，快速上升到额定转速，运行 200h，试验结束。

（3）冷热冲击试验。

普通试验台不能满足冷热冲击试验要求，须在试验台进水管处增加冷水接口、单向阀等，使试验台具备冷热水交替功能。

试验时，油门全开，通 100±2℃的热水，发动机转速快速上升到最大净功率的转速，5s 内转为怠速，运行 15s，然后在 5s 内转速降为 0；15s 之后，水管开始通冷水，发动机接通冷水后转速快速上升到最大净功率转速，每次循环 6min，运行 400h，试验结束。

各种工况试验中，需要详细确认水泵是否出现异常漏水、异响等故障，试验结束后，需要测量水泵性能是否变化，变化值是否满足规格要求。拆卸水泵，分解水泵水封、轴承等子件，按照前面水泵相关章节中的要求对水泵进行评价，然后结合发动机试验综合评价水封、轴承等是否通过试验考核。

## 6.3 防蒸气试验

在轻量化、小型化设计思路的指导下，部分水泵自身结构设计紧凑，皮带轮对泵体呈现包裹状态，将泵体上的排气孔、排水孔完全包裹或者半包裹。如果水泵安装在发动机正时侧，通过正时皮带传动工作，水泵连同正时零件一起被正时罩包裹覆盖，或者水泵安装在发动机上，从车辆的角度看，水泵是在车辆行驶前进方向的背风面，那么，水泵的水封在工作过程中有正常的微量水蒸气泄漏，如果排气不畅，水蒸气无法排走，可能会导致水蒸气侵入水泵轴承，引起轴承进水的失效故障。为杜绝该不良现象，最有效的方法是要求水泵厂商进行防蒸气试验。具体如下：

在常温条件下，取发动机水路零件，缸体、缸盖、水管、连接胶管等零件，对正时皮带驱动水泵旋转的发动机，还需要正时系统零件，如曲轴、链轮、张紧轮等，先组装成完整水路的试验样品发动机，对该发动机的进水口通水，能在出水管口正常排水，确保发动机内部水路常态畅通。发动机的曲轴外接驱动电机，通过启动驱动电机，使得曲轴旋转，带动发动机正时皮带旋转，从而实现水泵工作。转速比即为曲轴链轮直径与水泵皮带轮直径之比，需要对应换算驱动电机转速。对采用附件皮带驱动水泵旋转的发动机，仅需要发动机水路相关的零件组装成试验发动机，采用驱动电机与皮带连接水泵皮带轮进行试验。驱动电机上可以制作与水泵皮带轮直径相同的连接法兰，使之转速比为 1∶1，试验过程中调整水泵转速可以直接通过调整驱动电机转速得以快速实现而不需要换算。然后连接外部管路，将发动机出水管口与封闭式水箱连接，同时，在旁通支路水管上连接膨胀箱，模拟车辆冷却系统水路。当水系统压力超过膨胀箱设置压力值时，系统会泄压，时刻保持水系统压力。水箱具备加热功能，为了确保试验模拟车辆的真实性，水箱容积与车辆水箱容积尽可能保持相同；在水系统容积、管路长度与车辆相当时，采用水泵驱动给水系统加压，可以较好模拟车辆水泵工作状态。

试验前，还需要制作特殊结构的水泵，在水泵排气孔、排水孔附近的泵体表面加工凹槽，凹槽内布置一根 Φ4 或

Φ6 直径大小的软胶管，胶管凸起高度以不干涉皮带轮旋转为原则；胶管的另外一端与蒸气发生器相连通，试验时，将蒸气发生器启动，蒸气被源源不断地输送到水泵排气孔、排水孔附近，模拟水泵工作中的排气、排水状态。

试验时，将试验样品水泵正确安装在发动机上，连接好驱动皮带、蒸气发生器、水箱加注清水或者按照 50% 配比好的防冻液混合液到规定刻度线，设置水温为 95±5℃。启动试验设备，待水温达到规定值、驱动电机平稳运行后，将水泵转速设定为水泵额定工况转速，同时，启动蒸气发生器，蒸气发生器以 3～5L/h 的流量喷雾，水雾被引到水泵，模拟水泵排水状态下的工作状态；试验连续运行 100h 后停止设备 24h，拆卸水泵对其进行性能确认，性能合格后拆解水泵，确认水泵状态是否有失效等故障。分解水泵，评价水封、轴承，综合判断试验是否通过。

此试验能较好地解决两个问题：

①以水泵实际装配的正时系统零件做对手件进行试验时，模拟发动机实际装配，特别是发动机的皮带张力能较好地模拟出来，并且试验中以水泵自身能力向试验中的管路加压通水，水泵处于真正工作状态，类似水泵的车辆试验，而这点是发动机台架试验无法比拟的。

②模拟水泵在水封漏水的情况下，水蒸气无法及时扩散，水泵长期在弥漫水蒸气的环境下工作，评估这种状态对水泵的影响，特别是对轴承的影响。

但是，此试验还有以下几点不足：

①此试验需要特别制作专用试验台，采用专用发动机，有较高的技术实现难度。

②发动机不点火工作，无法模拟水泵实际工作中的温度场、水温、皮带力等。

③室内试验无法与车辆行驶中的状态完全等同，如蒸气温度、喷雾流量与车辆上水泵有差异。

最理想的防蒸气试验是在车辆上进行，这样就能按照水泵的真实状况进行试验，如水泵皮带张力、车辆行驶风速、水温度等各种实际状况。制作特殊试验样品水泵，装上耐久试验车辆，在车辆膨胀箱处引流一根水管连接到蒸气发生器上，采用车辆上的冷却液进行雾化蒸气。车辆按照各种工况行驶 100h 后，评价水泵是否满足使用要求。

## 6.4冷却系统筛选试验

为了确认冷却系统与水泵的匹配性，需要开展水泵应用的冷却系统筛选试验。筛选试验主要有：T/P 试验、空气喷射试验、玻璃泵试验、玻璃管试验。这些试验一般都在设计开发阶段进行。针对原始冷却系统进行的冷却系统筛选试验代表了水泵水封端面密封的真实环境条件，实际上是水泵所处的真实环境。此外，通过这样的测试，不仅仅是水封端面密封的工作条件，还可显示许多有关整个冷却系统性能的相关信息。试验过程中，涉及的所有参数的变化，包括泵设计的变化、冷却系统的变化，都可通过 T/P（温度／压力）法轻松验证它们之间的匹配程度。通过 T/P 法与后章节的空气喷射试验和玻璃泵法相结合，它们是一个检查系统不规则性、不同的加注容量水平对水泵影响及检查加注程序、验证相关优化改进等的有效试验方法。作为冷却系统管理的基本工具，本试验适用于：

（1）初始设计验证，开发试验；（2）多平台系统的初始验证；（3）解决填充和排气问题课题的验证方法；（4）改善水泵、冷却水系统的产品改进工具。

本试验涉及测试参数较多，有冷却系统的压力、水泵入口的压力、水泵出口的压力、靠近端面密封的压力、端面密封位置的冷却液的温度、密封面的温度、系统中的冷却液的流量，这些都是需要压力表、传感器、传感器测量设备等仪器设备，试验开始前，需要确保所有仪器设备必须校准，所有安全规则及注意事项必须遵守。

本试验需要准备车辆发动机。之所以称之为车辆发动机，是因为它要求带气缸盖、带曲轴箱的缸体、带节温器、膨胀水箱、散热器、油冷器、热交换器、所有连接软管，形成车辆实际工作时的冷却水系统回路，差异为发动机不进行点火而是采用电动马达驱动水泵皮带、水温为外部冷却液具备电加热系统，可以按照试验要求的温度进行精确调整、因发动机无点火工作无须安装冷却风扇。对水泵皮带的安装需要考虑加载力方向，它必须是规定的侧面方向。试验中，通过电脑控制电动马达转速，通过驱动马达与测试水泵的转速比换算水泵工作的速度，根据试验规定的不同转速等条件进行试验，分别采集数据，记录压力、温度、流量等。车辆发动机示意图如图6.4-1所示：

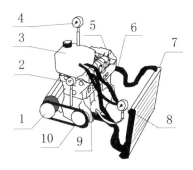

图6.4-1 车辆发动机示意简图

1.电机驱动马达 2.软管出口压力表
3.膨胀水箱液壶 4.系统压力测量表 5.缸盖总成
6.外置加热装置 7.水箱 8.软管入口压力表 9.缸体 10.测试水泵

为了控制不同的试验条件，如温度、压力等变化，需要对冷却系统进行提前准备，在水泵进口布置压力测量点，测量入口冷却液压力。在水泵出口布置压力测量点，测量出口冷却液压力。在膨胀水箱处布置压力测量点，测量冷却系统的压力。

为了测量水泵水封密封面的实际工作温度，需要特别制作测试水封，它要求在水封生产环节就布置好热电偶传感器。在水封静环上采用激光打孔的方式，将热电偶插入端面密封静环并固定热电偶，以测量端面密封面温度；在水泵生产环节的压水封工序之前，泵体在水封端面密封位置附近钻小孔，将热电偶插入该小孔并固定，测量冷却液温度；同时，在泵体靠近水封位置钻一个小孔，引流到泵体外，安装接头，以测量该点位置的冷却液压力值；最后，将测试水封正确压装到泵体，制作完整的水泵。如图6.4-2测试水泵示意图。

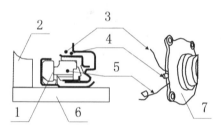

图6.4-2　测试水泵示意图

1.水封动环与静环间隙处　2.叶轮
3.冷却液温度测试位置　4.水封动环与静环密封面压力测试位置
5.水封动环与静环密封面温度测试位置　6.轴承芯轴　7.水泵

试验时，必须按照规定加注冷却液和混合物到刻度线；操作员在不停机的情况下连续开展每个试验循环；按照下图测试矩阵图，在不同循环和速度条件下分别记录试验数据。其中，压力为冷却系统、水泵入口、水泵出口、端面密封局部压力；温度为水封附近冷却液温度计测量密封端面温度；水泵流量、测试数据、水与乙二醇混合浓度均分别记录。

测试矩阵图如下：

| 条件 ＼ 加注量 | 正确填充和适当排气系统 | | | | 未正确填充系统 | | | |
|---|---|---|---|---|---|---|---|---|
| | 上限 | 下限 | 上上下限之间 | 空瓶 | 上限 | 下限 | 上下限之间 | 空瓶 |
| 冷机，节温器关闭30℃ | | | | | | | | |
| 暖机，节温器打开80℃ | | | | | | | | |
| 暖机，节温器打开90℃ | | | | | | | | |
| 暖机，节温器打开100℃ | | | | | | | | |
| 最高温度115℃ | | | | | | | | |

　　测试转速分别为1 000rpm、2 000rpm、3 000rpm、4 000rpm、5 000rpm、6 000rpm、7 000rpm、最大转速。为了更有效地执行测试计划，在一定的填充水平下，应在所有温度下逐个进行测量。冷却系统的部件可在上述测试矩阵中发现的最恶劣条件下进行测试。根据试验规定程序，加注系统冷却液并适当对系统进行排气。根据规则加注冷却液，在重新加注到拟定液位之前，确保水系统已排空，无须除气。试验时间为各工况点≥ 15min。时间过短，温升效果会有一定的影响。

　　对试验数据进行分析评价，按照如下规定进行：

　　1. 验证△T 的不规则性，△T=Tcoolant−Tseal

| 序号 | 项目 | 结果 |
|------|------|------|
| 1 | △T < 4℃，Tseal 曲线是一致连续的 | 通过 |
| 2 | 4℃≤△T < 8℃，Tseal 曲线是一致连续的 | 基本通过 |
| 3 | △T ≥ 8℃，Tseal 曲线是一致连续的 | 不通过 |
| 4 | Tseal 曲线不是一致连续的 | 不通过 |

当△T ≥ 8℃时，测试不通过，如图6.4-3所示：

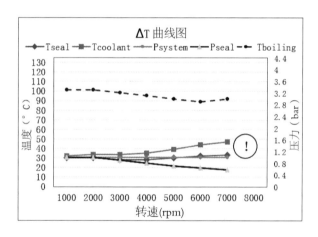

图6.4-3

此时，需要采用空气喷射法或玻璃泵、玻璃管法调查原因。具体见后面介绍。

2. 验证 Tseal 与 Tboil（boil 为沸点）之间的不规则性

| 序号 | 项目 | 结果 |
|------|------|------|
| 1 | Tseal 与 Tboil 之间有足够的余量 | 通过 |
| 2 | Tseal 接近或超过 Tboil | 不通过 |

当 Tseal 接近或超过 Tboil 时，测试不通过，如下图 6.4-4
所示：

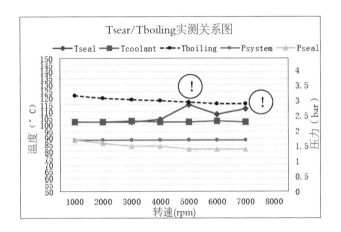

图6.4-4

根据上述的 T/P 测量试验，如果发现冷却液系统不规则
性，空气喷射法和或玻璃泵 / 玻璃管法是检测问题和验证解
决方案的有效方法。同样，这些仪器也有助于检查和重新考
虑冷却系统的变更和变化。具体见后面相关介绍。

（1）空气喷射试验。

本试验采用上述的冷却系统筛选试验相同的车辆发动机
试验台上进行，需要制作测试水泵，热电偶布置方法与上述
筛选试验相同。通过测量冷却系统的压力、水泵入口的压力、
出口压力、水封端面密封的温度、水封密封面附近冷却液温
度等参数，以确认冷却系统中有气泡状态下，水泵是否满足
使用要求。本试验适用于如下情况：

①初始设计验证,开发试验;②多平台系统的初始验证;③解决填充和排气问题课题的验证方法;④改善水泵、冷却水系统的产品有效改进工具。

试验台需要压力表、传感器、传感器测量设备等仪器设备,试验开始前,需要确保所有仪器设备必须校准,所有安全规则及注意事项必须遵守。

此试验较好地解决了两个问题:

①水泵在冷却系统中进行试验,较真实地模拟发动机水路;②排查水泵在实际运行过程,冷却系统产生气泡及气泡聚集的问题所在,评估导致水封运行过程中出现干湿摩擦的异常升温的潜在风险,提前发现水封恶劣工况并加以改进。如下为某品牌水泵,为了验证水泵在实际应用中冷却系统有气泡,评估气泡对水泵的影响而进行的试验。具体如下:

(1)在车辆发动机台架上,通过向冷却系统中注入一定量的空气,可以使冷却系统产生一定的扰动,模拟冷却系统中有气泡的状态,在线测量的水封密封面和冷却液温度曲线图与气泡扰动的相关特征表现。通过比较不同测试结果的图表,可以从中找到性能最好的水泵。试验中,需要安装测试水泵以测量以下各项目:密封面附近冷却温度,密封面的温度。

在车辆发动机试验台准备好之后,还需要特别制备压力容器,它是装有一定体积的压缩空气的容器,一般推荐 0.3L,4bar;试验时将容器连接到水泵入口的软管或管道,用于向冷却系统注入空气。试验过程中,只要开启阀门,就可以注入空气，对冷却系统产生干扰，模拟冷却系统有空气侵入的状态而进行试验验证，为了便于观察冷却系统内部空气流动，还可以增加一段透明玻璃管组与胶管连接，目视观察气泡在冷却系统胶管内流动的情况。

试验过程中，需要注意如下事项：

①遵守所有安全建议。②需要检查玻璃管组件的极限，如耐温、耐压值等是否满足试验要求。③每次测试前，冷却系统必须完全除气，可参考下述流程：启动设备，让冷却液在试验台正常运行，同时手按各连接软管，连续按压 5 次后，停止按压 5min 之后，再次按压 5 次，将管内气体尽可能地排出冷却系统。④在注入空气之前，通过测量设备，确认冷却系统的 Tseal 及 Tsystem 温度恒定，只有在温度恒定的状态下才可以注入空气。⑤为了增加冷却系统的流速，利于气泡产生及流动，试验转速一般采用水泵高速运行进行，水泵转速推荐在 6 000rpm 以上。⑥试验时间，以压力容器的压缩空气使用完毕为循环，注气时间与试验台节温器关闭 / 打开相结合，控制好放气流量。

试验中对冷却系统温度和压力的在线测量并记录数据，同时，按照上述筛选试验中的测试矩阵的温度条件开展试验，对比不同测试结果来评估试验结果。当水封密封面附近冷却液的温度与水封密封面温度的差异 ≥ 8℃，判断为水泵存在潜在风险，空气喷射的扰动使得水泵的水封出现干湿摩擦，需要优化冷却系统或者水泵结构。

（1）试验还可以对如下变化条件进行对比：水泵壳体结构带和不带静态径向筋的水泵承受气泡的能力；叶轮带孔和不带孔（冷却液能否通过叶轮背面的小孔）、孔径和数量的变化，和水泵承受气泡的能力。

试验的测试程序和步骤是在节温器关闭的条件下进行第1次循环的空气喷射试验（改进节温器选择温度，让节温器附近有气泡，扰动节温器）；在节温器打开的条件下进行第2次循环的空气喷射试验。应在上述程序开始之前准备合适的测试矩阵，以便在测试中找到性能最佳的组合。

试验过程中，容器压缩空气注气及冷却系统内脱气有规定要求，注气和脱气的周期示意图如图6.4-5所示：

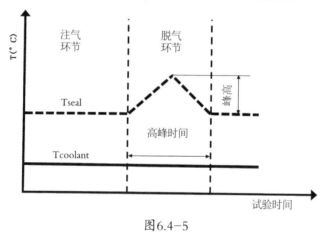

图6.4-5

干扰产生的密封面温度峰值的高度和持续时间表征了测试组合的性能，反映了水泵抗气泡能力。与空气喷射前后测量的异音，重新建立△T（Tseal 与 Tcoolant 之差）的时间是水泵设计和冷却系统脱气能力的重要指标，通过对其进行对比找出前后差异点。另外，还需要比较不同的测量矩阵使用组合下的温度峰值高度和时间，进行相关设计优化，可使水封端面密封的工作条件大大改善。

（2）玻璃泵试验。

透明玻璃泵试验是指在试验中能透过测试水泵的泵壳观察到水泵内部流道情况的一种试验；它能看到冷却系统的不规则性（如水封干湿摩擦等异常）及改进水泵的情况（如修改流道，改善水泵的水封干摩擦等）。它是水封工作条件下的直接状态评估试验。

在车辆发动机台架上进行玻璃泵试验。为了完成该试验，需要特别制作测试水泵，水泵泵壳为透明塑料或者在铝质泵壳上挖4个观察窗，然后采用透明塑料封堵观察窗，试验时，依靠观察窗观察内部情况。同时，它要求在水封生产环节就布置好热电偶传感器，以测量水封端面密封面的温度；在泵体水封端面密封附近位置钻小孔，将热电偶插入该小孔并固定，测量冷却液温度（具体制作见前述测试水泵制作内容）；最后，将测试水封正确压装到泵体，制作完整的水泵。除此之外，还需要注意以下事宜：遵守所有安全建议；遵守塑料或者玻璃的温度和压力限制；试验过程中，分别记录泵内温度、水封密封面温度；采用全透明塑料的泵壳，需要校核强度是否满足试验要求。

试验台需要压力表、传感器、传感器测量设备等仪器设备，试验开始前，需要确保所有仪器设备必须校准，所有安全规则及注意事项必须遵守。

此试验较好地解决两个问题：

①较真实、直观地看到冷却系统是否异常、水泵的水封工作中是否有干湿摩擦的异常现象；②可以有效模拟冷却液加注操作不合符规定时，对冷却系统的影响；给车辆维修保养时添加冷却液操作规定提供技术支撑。

试验中，要按照上述筛选试验的测试矩阵要求温度，分别进行各种工况调整，记录试验数值。试验的加注条件有如下两种：

①未严格按照加注程序添加冷却液，导致冷却系统出现的不规则现象；在车用发动机试验台上，将冷却液加注未到规定刻度线，通过透明水泵或观察窗能看到液位。在这样的条件下按照测试矩阵的各种温度展开试验。如图6.4-6所示：

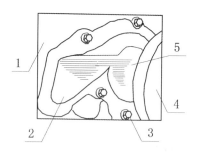

图6.4-6　透明水泵液位不足图示

1.缸盖（安装水泵对手件）　2.透明水泵
3.固定螺栓　4.透明水泵的皮带轮　5.液位不足（未满）

因为冷却液未到规定刻度线，系统内会产生气穴，严重时会影响水泵正常运行。设计时，合理设置液位的刻度线及规范操作添加冷却液，确保水泵能正常运行。

②根据车辆操作规范要求，按照加注程序加注冷却液，系统内无目视可见的空气。按照测试矩阵的温度等开展试验，如果系统设计不合理或者水泵设计不合理，可以很容易地通过透明水泵看到水泵运转过程中是否有气穴等异常情况发生，当气泡出现时，水泵的水封处于恶劣工作环境下的干湿摩擦状况，水泵的寿命急剧下降。此时，需要对冷却系统、水泵本身的设计出发，找出导致异常的原因，优化系统的设计等，将潜在风险消除。透明水泵观察的气穴情况如图6.4-7所示：

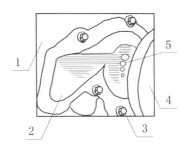

图6.4-7　透明水泵气泡图示

1.缸盖（安装水泵对手件）　2.透明水泵
3.固定螺栓　4.透明水泵的皮带轮　5.工作时产生的气泡

在试验过程中，为了便于观察水泵内部情况，可以通过内窥镜进行，在泵壳表面布置好内窥镜，可以很清晰地看到冷却液起泡（混合不正确，脱气能力差，系统中有空气等），此外，还可以明确系统脱气的时间。当水封附件有气穴时，可以很明确被观察到，具体如图6.4-8所示：

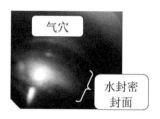

图6.4-8　透明水泵水封气穴图示

（3）玻璃管试验（吸入侧）。

此方法为水泵吸入侧的冷却液流动可视化试验。它不是水封工作条件下的直接状态，也不能用来考核水封，但可以通过试验结果，提供有关水泵和冷却系统性能是否良好的相关信息，间接评估水泵工作状况。它的试验过程简单，仅需要采用透明玻璃管对试验台进行换装。

试验是在车辆发动机试验台上进行的。对试验台的进水侧软管截断一节，换上透明的玻璃管与之相连接，要求玻璃管的内径与软管内径之差小于1mm，以防止差异大出现截流、气泡等现象。测试水泵为正常组装水泵，不附带任何测试传感器，按照发动机实际工作时的不同温度、流量等进行试验；也可以是上述试验中带热电偶传感器的测试水泵，试验工况参照上述测试矩阵的温度等条件进行试验。试验台加注的冷却液严格按照规定程序进行，达到规定液位刻度线并进行充分除气操作以保障冷却系统内无异常气泡。将冷却液的浓度准确控制在规定值。开展本试验，一般会有两种常见情况：

①冷却系统流量正常，无气泡等任何异常；此时，可以透过玻璃管观察冷却液的流量正常，颜色正常，液体干净清洁，无混浊。如图 6.4-9 所示：

图6.4-9　冷却液流量正常

②冷却系统出现异常，能够透过玻璃管观察到水泵入口侧有气泡现象，如图 6.4-10 所示：

图6.4-10　冷却液异常有气泡

上图的冷却液已经明显沸腾，可能是系统中气体含量高或入口压力过低导致，需要对其进行排查。另外，还可能出现一种现象，就是尽管水泵在高转速下运行，但在玻璃管处观察，冷却液的流量却完全中断。此现象可能是水位低导致的或者入口压力严重过低导致的。具体如图6.4-11所示：

图6.4-11　冷却液异常中断

从上述冷却系统筛选试验、空气喷射试验、透明泵及玻璃管试验可知，通过对冷却系统开展必要的试验验证，可以有效降低水泵在实际运行过程中的潜在风险。它们将传统冷却系统台架管路走向按照车辆实际布置进行设置，创造性地运用热电偶传感器与水泵的有机结合，同时运用激光打孔、透明泵壳等先进技术、材料等制作测试水泵，是消除水泵设计潜在风险的重要手段之一。

## 6.5静电试验

根据前述轴承异响不良调查可知，轴承异响的可能原因之一为轴承材料出现氢脆，而氢脆的原因主要有：轴承外部面压大，内部强度不足，系统带静电引起电分解的氢脆。针对外部面压，可采用在车辆上测量皮带实际张力与设计输入的对比；内部强度可通过轴承材料成分分析、金相组织、硬度计残余奥氏体等进行确认。而系统是否带静电引起电分解则可通过本试验进行验证。

因为静电的可捕捉性较差，为减少外部环境对试验的影响，试验必须安排在车辆上进行，从水泵结构布置的情况可知，如果有静电产生，比较大概率会在皮带与皮带轮支架，它们产生静电后通过水泵皮带轮、轴承、泵体等子件进入到发动机，发动机通过车辆车身架等与大地相连。试验前，准备好测试车辆、带输出非接触式表面静电计、示波器。静电计与示波器连接，将静电计探头安装于离水泵表面约3mm的位置，结构简图如图6.5-1所示：

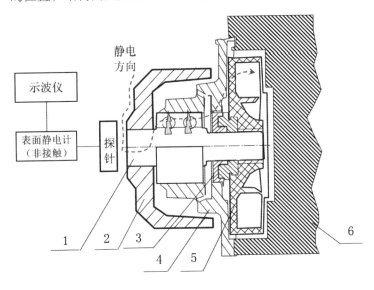

图6.5-1 静电试验原理简图

1.轴承 2.皮带轮 3.水封 4.泵体 5.叶轮 6.（对手件）缸盖

试验中，如果有静电产生，通过示波器，能捕捉到瞬间电压变换，连续运行时，会形成类似如下曲线，如图6.5-2所示：

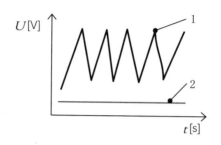

图6.5-2　静电试验电压曲线简图

1.带电的情况下重复放电和带电　2.不带电的情况产生一定的电压

启动车辆，按如下工况进行试验，分别记录试验数据：

| 序号 | 模式 | 车速（km/h） | 空调 | 前照灯 |
|---|---|---|---|---|
| 1 | 空转，油门小开 | 0 | ON | ON |
| 2 | 急加速，油门大开 | 60 | OFF | OFF |
| 3 | 怠速 | 0 | ON | ON |
| 4 | 停机 | 0 | ON | ON |

因静电的随机性，建议将本试验作为可选项目，有必要时再进行。

## 6.6实车试验

为了精确把握水泵在车辆上的运行情况，目前，少部分汽车主机厂会要求对水泵进行车辆行车温度、压力、皮带张力的测试。此试验已逐步纳入水泵单品试验项目清单。

首先，对皮带张力的测试，其目的是校核设计输入与实际张力对比。因为设计输入的皮带张力多数情况是在发动机试验台架上实际测量的，但试验台架与车辆不能完全等同，从过往实践经验可知，在试验台架上测量张力与在车辆上测量有差异。为了消除差异，确保水泵轴承受力符合真实情况，很有必要进行该试验。试验步骤如下：

试验时，准备好车辆，测试设备，测试水泵。常见有两种测量皮带轮张力：

①静态敲击，超声波测量法，具体可见前章节；②应变载荷法。它需要测试水泵需要特别制作，在轴承的滚球位置布置应变片，当水泵运行时，轴承受力会产生微小变形，应变片测量应变换算成实际受力。试验过程中需要特别注意事项如下：

①目前主流水泵轴承为双球、一球一柱结构，对双球结构轴承需要分别在滚球对应的位置上布置应变片，分别测量各滚球的受力情况，逐一校核。一球一柱结构轴承需要分别在滚球、滚针对应的位置上布置应变片，分别测量滚球、滚针的受力情况，逐项进行校核受力及轴承寿命；一球一柱结构轴承，滚针寿命远大于滚球，要重点确认滚球受力。

②皮带张力理论上与发动机转速相关性较大，特别是急加速时瞬时张力大，试验可以按照如下工况进行：

| 序号 | 模式 | 车速（km/h） | 空调 | 前照灯 |
|---|---|---|---|---|
| 1 | 轻踩加速踏板 | 0 | ON | ON |
| 2 | 轻踩加速踏板 | 60 | ON | ON |
| 3 | 重踩加速踏板 | 0 | ON | ON |
| 4 | 重踩加速踏板 | 60 | ON | ON |

③为了模拟极限状态低速重载情况，发动机高转速，可以增加载荷，试验车辆装载300kg重物，采用轻踩加速、重踩加速，分别确认皮带张力。同时，还需要按照市区、市郊、高速等工况进行试验测试。试验结果取最大张力值进行寿命校核。

④如下为某型号受力与轴承寿命校核示意图，如图6.6-1所示：

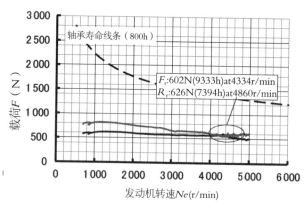

图6.6-1 轴承寿命校核

从示意图可知，在发动机转速在 4300 ～ 4800rpm 时，$F_r$

（前端）、$R_r$（水泵皮带轮端）的滚球受力最大，根据应变换算得实际受力为 602N、626N。将实际受力输入到轴承生产商计算理论寿命值远满足寿命警戒线，安全系数高达 9 倍有余，满足使用要求，可放心使用。

对车辆行车时冷却液温度、压力的测试，需要先制作特别水泵，在水泵的水封位置布置 2 个传感器，分别测量水封密封面、水封附近温度；同时，在轴承的外圈表面布置 1 个传感器测量轴承实际工作温度。另外，在水封附近位置钻 1 个小孔，连通到泵体表面并接上水管接口，此管口可连接胶管，与压力表相通。将水泵装在发动机上，使传感器与数据采集仪相连接。

不论是上述皮带张力测试还是温度压力的测试，车辆均需要按照市区工况、市郊工况、高速工况分别进行。为了规范试验测试流程，一般按照如下速度分布表进行：

| 序号 | 占比率（%） | 转速（rpm） |
| --- | --- | --- |
| 1 | 8 | 1 000 |
| 2 | 9 | 1 600 |
| 3 | 12 | 2 400 |
| 4 | 18 | 3 200 |
| 5 | 20 | 4 000 |
| 6 | 20 | 4 800 |
| 7 | 8 | 5 600 |
| 8 | 5 | 5 400 |

其中，市区工况，以低速度、高转速为主，模拟车辆行

驶。高速工况以高速度、低转速为主，模拟车辆在高速行驶。市郊工况介于两者之间。对车辆在不同工况下，设备采集车辆行驶速度、发动机转速、发动机水温传感器数据、出水口压力等参数进行综合评价、重点分析：

①低速、重载工况下，发动机水温、水封温度、轴承温度是否在各自耐温值范围内工作，若超过耐温值，则水泵存在设计耐温不足的风险；

②被引出胶管的水，记录压力值与发动机水压吻合度分析，计算出水泵在发动机内的压损，找到水泵的最大工作压力，校核水封的最大耐压值的合理性；

③引流的胶管采用透明材质，在发动机启动、正常工作、停机的瞬间，打开胶管与压力表接口，确认流水的状态下，胶管内是否有气泡，部分存在大量气泡的水路能通过此胶管看到气泡存在。

此试验，对不同发动机、不同车辆的水温效果不同，实践中应有针对性评价。但不管何种发动机、何种车辆，工作中都应该充分把握水温对水泵的水封、轴承的影响，提前做好预防。试验一般在开发阶段做发动机试验，初步取得发动机实际工作时的水温等参数，待有定型车辆之后，会再次进行温度试验，正式测量车辆水温与水泵设计输入的吻合度。

随着测量技术发展，传感器使用的普及，水泵的单品试验也会随之优化完善，特别是近些年，传感器的飞速发展及测量软件进步，使水泵单品试验迈入一个新的发展境地。

# 参考文献

[1] 万欣，林大渊.内燃机设计 [M].天津：天津大学出版社，1989.

[2] 朱仙鼎.中国内燃机工程师手册 [M].上海：上海科学技术出版社，2000.

[3] 李其龙，徐伟，董吉宝，等.铁基粉末冶金零件的蒸汽处理 [J].现代制造技术与装备专刊，2012.

[4].刘金年.汽车发动机 V 型皮带轮的旋压工艺 [J].交通科技与经济，2006，36（4）.

[5] 康国兴，刘建卫，谢文杰，等.多孔碳－碳化硅复合材料的制备及其在汽车水泵水封中的应用（Ⅰ）[J].陶瓷科技篇（生产应用），2015（2）.

[6].李辰冉，谢志鹏，康国兴，等.国内外碳化硅陶瓷材料研究与应用进展 [N].硅酸盐通报，2020-5-39（5）.

[7] 徐忠芳，黄建松.柴油机水泵水封漏水故障解决方案 [J].现代零部件，2014（2）.

[8] 朱斌，朱路，林建华，等. 机械密封用碳石墨环现状与展望 [J]. 流体机械，2012，40（3）.

[9] 翁祖亮. 冷却水泵实用技术 [M]. 上海：上海交通大学出版社，2004.

[10] 德永雄一郎，井上秀行，冈田健，等. 改善汽车发动机水封润滑性能的研究 [J]. 流体机械，2017，45（1）.

[11]Koichiro Ono，Yuji Nomoto，Junichiro Onigata，Analysis of Squeak in Mechanical seal Used in water Pumps，SAE Technical papers,2000（1）.

[12] 胡滨. 汽车水泵总成固有频率测试方法与分析 [J]. 山东工业计算，2015（1）.

[13] 李正美，唐建平，安琦. 汽车水泵轴承载荷计算方法及寿命计算 [J]. 轴承，2010（5）.

[14] 李党育，胡延毅，党晓军. 差压法气密性监察工艺参数的确定 [J]. 液压气动与密封，2014（7）.

[15] 邹龙江，陈玉海，汤敏 .G20Cr2Ni4A 轴承滚动体开裂失效分析 [J]. 热处理技术与装备，2015，36（6）.

[16] 邹龙江，高路斯，王兰芳 .GCr15SiMn 钢轴承套圈磨削氢脆致断分析 [J]. 金属热处理，2007（32）.